반드시 응답받는 구체적인 기도

반드시 응답받는
구체적인 기도

김길 지음

Specific Prayer

규장

믿음으로 문제를 대하고 기도하는 삶

예능 프로그램 '런닝맨'을 좋아하는 늦둥이 막내와 남산 케이블카를 타러 갔다. 프로그램에 나오는 코스를 따라 일정을 보냈다. 돈가스를 먹고, 서울 전망을 보며 아내와 막둥이와 사진도 찍었다. 케이블카 정류장 옆에 남산 3호 터널 인도로 바로 내려갈 수 있는 엘리베이터가 있어서 그걸 타고 걸어 내려왔다.

길에서 아이가 좋아하는 레고 전시회를 하고 있었다. 구경하며 걷다 보니 명동이었다. 우리는 중앙우체국 앞 계단에 앉았다.

"식아! 여기가 아빠가 명신교회 개척할 때 기도하던 곳이야. 여기서 명신교회, 명동의 신실한 교회가 시작되었어."

"그래? 그럼 이제 '금신교회'라고 해야겠네! 지금은 금천에 있잖아."

아홉 살짜리의 생각이 기특했다.

"명신교회는 지명을 뜻하기보다는 교회가 명동에서 시작되었다는 의미야. 명동에서 시작해서 아시아의 대도시로 나아간다는 의미지."

아들은 금방 알아들었다. 우리는 한참 따뜻한 햇살을 받으며 우체국 계단에 앉아있었다. 여전히 도시를 위해 기도하는 사역이 진행 중이라는 안정감과 이제는 도시가 낯설지 않다는 포근함이 느껴졌다. 기도하면 낯설거나 어려운 마음이 푸근해진다.

이번에 기도에 관한 책을 쓰게 되었다. 그 출발은 수요일마다 같이 모이는 기도회였다. 성도의 삶은 복잡하고 힘들고 압도적이었다. 주일예배에 한 번 은혜받는다고 해결될 상황이 아니었다. 개별적으로 멘토링 하던 내용을 수요기도회를 통해 같이 모여서 나누고 기도했다. 먼저 기도를 어떻게 할 것인지 자료를 만들고 나눈 다음, 삶의 구체적인 문제를 놓고 함께 기도했다.

삶의 문제가 믿음을 약하게 만들 때, 먼저 믿음을 위해 기도하고, 강건해진 믿음으로 삶의 문제에 대해 구체적으로 기도하는 걸 배웠다. 기도하면 삶의 문제가 다 해결되지 않아도 믿음이 강건해져서 문제가 작게 보이고, 문제에 대응할 수 있음도 알게 되었다. 이를 토대로 우리 삶의 문제에 대해 어떻게 구체적으로 기도하며 나아가야 할지, 그 성경적 원칙과 기도 방법에 관한 내용으로 책을 쓰게 됐다.

사실 처음에는 기도에 대해 이렇게 구체적으로 함께 배우고 나누는 이유를 정확하게 몰랐다. 성경 묵상하는 법을 가르치는 건 오래 해서 익숙했지만, 기도를 구체적으로 가르치는 건 생소했다. 어쨌든 우리는 삶의 어려운 문제를 놓고 구체적으로 기도하는 걸 배우고 나누었다. 이제 생각해보니, 그것은 도시를 위해 기도하기 위한 사역 준비가 아니었나 싶다.

어려운 삶의 문제에 대해 '기도를 부탁하는 수준'에서 '믿음으로 문제를 대하고 기도하는 삶'으로 나아간 것이다. 우리가 삶의 문제를 이렇게 대한다면 아마도 도시에 대해, 아시아의 대도시들에 대해서도 믿음으로 기도하게 될 것이다.

도시에서 묵상하는 모임을 만들고, 묵상하는 사역을 해왔다. 말씀 묵상은 급할 때 내가 원하는 구절을 찾게 하는 게 아니라 말씀으로 믿음을 새롭게 하여 삶을 바라보게 만든다. 아마도 이제는 기도하는 사역도 시작될 것 같다. 묵상이 삶 속에 정착되듯이, 기도하는 삶도 삶의 문제에 매몰되지 않고 믿음으로 대응하도록 사역적 안목을 기르는 기도 사역으로 진행될 것이다.

오랜만에 유튜브 '롬팔이팔' 인터뷰를 위해 규장 출판사에 가서 대표님과 실장님을 만났다. 우리는 나이가 들었다. 문득 전혀 상관없지만 영화 〈서편제〉를 만든 세 사람이 떠올랐다. 감독, 제작자, 촬영감독이 비슷한 나이로 함께 명작을 만들었다. 우리도 그렇게 꽤 오랜 시간 같이 팀으로 책을 만들었다. 처음부터 지금까지 언제나 감사하다. 뭔가 말하지 않아도 이해받고 있다는 따뜻함을 느낀다.

언제나 내 원고의 첫 독자인 아내가 갱년기를 맞았다. 몇 달째 치과에 다니고 있다. 자발적으로 화장실 청소도 하고, 설거지도 하고, 음식물 쓰레기 처리와 재활용도 해보지만 그녀에게 그다지 도움이 되지 않는 것 같다.

아내는 내 원고를 읽을 때마다 깊이 공감하며 격려해준다. 이 책이 좀 잘돼서 그녀의 갱년기가 부드럽게 지나가면 안 될까요?

김길

CONTENTS

PART 1

기도하기 위해
기도하기

사역자가 사역하면
기도하고 사역하는 대로 결국 상황이 진행된다.
그러나 아무도 사역하지 않으면
상황은 모두가 예상하는 어려운 결말로 간다.
사역자가 대단한 일을 하지 않아도 된다.
다만 소박하게 혼자라도 기도하면서 섬기면
그가 살아있는 한, 사역이 살아있는 한
예수님이 결정하신 대로 흘러간다.

Specific   Prayer

기도로 섬긴다는 것

갑작스러운 고난

신촌에 있는 공간 임대 사무실에서 몇 사람이 모이다가, 구로 디지털단지 지하 세미나실을 한 달에 오만 원만 내면 주일에 쓸 수 있다고 해서 옮겨갔다. 그런데 세미나실 뒤쪽에 야외용 매트를 깔고 아이들이 노는 모습이 안쓰러워 위층 작은 사무실도 얻게 되었다.

그곳에서 수요일 오전에 존 스토트 목사님의 《로마서 강해》를 같이 읽을 때, 은 집사가 처음 교회에 왔다. 로마서 강해는 그리 쉽게 읽히는 내용이 아니었다. 그런데도 은 집사는 금방 맥락을 이해하고 자기 생각을 균형 있게 나누었다.

그녀가 교회에 빠르게 정착하고 지도자로 성장하는 중에 삶의 고난이 본격적으로 다가왔다. 어느 날, 건강하게 가정을 돌보고 섬기던 어머니가 침대에서 일어나지 못하게 되었다. 가족의 관계와 일상, 가정경제를 담당하던 어머니의 갑작스러운 고난은 가족에게 충격이었고, 무엇보다 은 집사에게 가정에서의 사역이 요구되는 중요한 분수령이 되었다.

그녀는 여동생과 함께 어머니 병간호를 하면서 가정 사역을 담당했다. 그전까지 주로 어머니와 여동생이 가정경제와 일을 감당했기에 적응하는 데 시간이 필요했다.

그동안 어머니는 큰딸에 대한 미안함인지 안쓰러움 때문인지, 그녀가 중앙대와 미국 캔자스주립대에서 박사과정을 두 번 할 수 있도록 도왔다. 그래서 은 집사는 집안일에서 벗어나 공부하고 아이들을 가르치는 일을 해왔다.

기도로 방법 찾기

갑작스러운 어머니의 아픔에 가족 모두가 당황했지만, 치료는 진행해야 했다. 그러나 마땅한 병원을 찾기도 어렵고, 정확한 진료와 치료를 받기도 쉽지 않았다.

사실 환자가 좋은 병원과 좋은 치료 환경에서 순탄하게 회복되는 건 쉬운 일이 아니다. 아픈 사람에게 맞는 병원을 찾는 일은, 모래사장에서 동전을 찾는 것만큼이나 막막하다. 그를 돌보는 가족은 정신이 없고, 주변 환경조차 부드럽고 따뜻하지 않고 사무적이며 모든 일에 돈을 요구하기 때문이다. 돈을 물 쓰듯 해야 할 일이 많고, 사람들에게 굽신거리며 요청해야 하는 일이 아픔을 벗어날 때까지 지속된다. 그래도 환자에게 맞는 병원만 있다면 어디든 가는 게 돌보는 가족의 마음이다.

은 집사는 기도하며, 계속 병원을 찾았다. 그리고 다행히 집에서 좀 멀지만, 모든 환경이 맞는 병원에 어머니가 입원하게 되었다. 한때 치료를 거부하던 어머니를 설득해 입원시킨 후에 은 집사는 집과 병원을 오가며 어머니를 섬겼다. 어머니는 몇 개월의 치료를 마치고 집으로 돌아왔다. 지금은 처음보다 많이 건강해져서 집에서 운동하며 회복하는 중이다.

은 집사는 동생과 동역하며 어머니를 섬기는 사역을 본격적으로 배웠고, 가정 사역의 새로운 방향으로 나아갔다.

새로운 도전

그녀는 동생과 효과적으로 동역하는 법을 배워야 했다. 가장 먼저 다가온 훈련은, 서로 다른 방식을 이해하는 것이었다. 학자인 은 집사는 명석했다. 일의 흐름과 문제 파악에 능했다. 그런데 그동안 집안일은 동생이 거의 해왔기에 은 집사의 방식이 동생에게 통하지 않았다.

처음에는 둘이 다투기도 했지만, 결국 은 집사가 가정에서 '사역'하기로 결정했다. 사역은 '예수님을 증거하는 일'이다. 성령님의 인도하심을 따라 열매와 은사로 다른 사람이 예수님의 성품과 능력을 경험하도록 섬기는 것이다. 그동안 가정에서 어머니의 섬김을 받으며 공부하고 아이들을 가르쳤던 은 집사에게 가정에서의 사역은 새로운 도전이었다.

어느 날, 은 집사에게서 문자가 왔다.

목사님~ 기도로 씨름하고 마음을 다스리고
주님께 도움을 구하는 과정 자체가 사역인 것 같습니다.
일주일 동안 기도가 안 되는 때도 있었지만,
계속 기도로 주님께 여쭤보는 시간이었어요.
동생이 저를 안 좋게 대하고 권위를 무시하고
저를 통제하려는 방식에 제 안에 반감이 있었어요.
제가 동생을 괴롭히고 인정을 안 한다는 오해를 동생이 풀고,
제 섬김을 알고 받아주기만을 바랐던 것 같아요.

내용이 놀라웠다. 사역을 명확하게 이해하고 있었다. 보통은 가정에서 사역하지 않는다. 가정에서 섬김은 부모의 몫이고, 그것이 잘 안 되면 '역시 가정에서는 사역이 어렵다'라고 생각하고 끝낸다. 하지만 어떤 상황이든 사역자가 사역하는 순간, 변화가 시작된다.

그동안 은 집사는 가정에서 사역하지 않았지만, 어머니의 아픔

반드시 응답받는 구체적인 기도

을 계기로 사역하게 되었다. 사역자가 되어 사역하기로 한 것은 위대한 출발이었다. 그녀는 우선 누구를 섬겨야 하는지를 알았다. 사역은 어떤 '일'을 하는 것이라기보다는 '섬김'이다. 가장 우선적인 섬김은 사역이 필요한 사람을 알고, 섬기는 것이다.

엄마를 돌보는 것도 사역이지만, 동생을 섬기는 게 먼저였다. 그러려면 사역자가 부당하게 생각하는 일들에 대한 사역적 정리가 필요했다. 언니와 동생 관계로 평범하게 있으려 하면, 사역은 일어나지 않는다. 그저 풀기 어려운 관계의 문제로 끝난다.

섬김은 예수님을 증거하기로 결정하는 것이다. 그렇다고 억울한데 참고 맞춰주기만 하는 게 아니다. 동생이 예수님의 성품과 능력을 성령님의 권능으로 경험하도록 섬기는 것이다.

은 집사는 동생이 좋아하는 커피도 사주고, 동생이 자신보다 더 낫다고 칭찬도 하면서 섬기기 시작했다. 아마도 동생이 요구하는 일을 최선으로 섬겼을 것이다. 물론 중간에 마음이 힘들어지면 사역이 사라지기도 했다. 그래도 다시 사역하기로 결정하고, 성령님의 인도하심에 순종했다.

놀라운 동역

언제부턴가 은 집사는 어머니 이야기보다 동생 이야기를 훨씬 많이 했다. 아무래도 사역이 일어나는 부분에 대해 나눌 거리가 많았을 것이다. 어느 날, 은 집사는 어머니가 아픈데도 가정을 섬긴다고 했다. 나는 불안하거나 걱정되지 않았다. 충분히 건강을 돌보면서 감당할 수 있는 선에서 하고 있다고 생각했기 때문이다. 감사하게도, 은 집사의 사역을 보고 어머니가 움직이기 시작한 거였다.

사역자가 사역하면, 사역을 경험한 사람이나 사역을 지켜보는 사람의 마음이 움직여 동역하는 경우가 있다. 가정에서 일어나는 일에 대해 은 집사가 과거와 다른 반응을 보이면서 사역하면, 가족들은 성령님의 권능, 예수님의 성품과 능력을 경험하게 된다. 그러면 예수님의 성품과 능력의 다스리심, 통치가 가정에 임한다.

어머니는 은 집사가 어머니보다 교회를 더 좋아한다고 불안해하곤 했다. 하지만 이제는 그렇지 않으리라 생각한다. 은 집사와 어머니가 예수님 안에서 동역을 경험했기 때문이다. 동역은 마치 산성(山城)과 같다. 적이 쳐들어와도 산성이 있으면 잘 방어할 수 있다. 그것은 단순히 친밀함만을 의미하지는 않는다. 무너지지 않는 견고한 성과 같다(반면에 인간적 친밀함은 방해가 오면 쉽게 무너진다).

동역은 예수님을 중심으로 그분의 성품과 능력 안에서 하나 되는 것이기에 사역하는 한, 언제나 예수님의 성품과 능력을 경험하는 관계가 된다. 그러나 잠깐 동역했다고 안심해서는 안 된다. 사탄의 방해는 주로 사역 관계를 단절시켜서 사역이 없어지도록 만든다. 사역 관계를 지키려면 사역자가 계속 사역을 이어가야 한다.

다시 말하지만, 사역은 어떤 일을 하는 게 아니라 성령님의 인도하심을 따라 마음을 쓰고, 말하고, 행동하는 것이다.

한 발짝 전진

그동안 은 집사는 행복한 가정을 원했지만, 사역은 하지 않았었다. 사실 가정에서 사역한다는 게 무언지 잘 몰랐다. 그런데 사역하려고 하자, 자기가 느끼는 억울함이나 원하는 방식보다 섬김이 중요함을 깨달았다. 그래서 수고스런 사역 없이 그냥 행복한 가정이 되었으면 좋겠다고 생각했다. 그러나 그럴 때마다 다가오는 문제로 인해 어려운 마음이 더 커졌고, 가족에게 예전의 연약함으로 반응하게 되었다.

이런 과정을 거치면서 그녀는 행복한 가정은 사역자가 사역의 마음을 놓지 않고, 무장하고 갖췄을 때, 한 발짝 전진한다는 걸 알았다. 그래서 기도하며 사역했다.

사역의 관점에서 가족들의 마음을 바라보고
제 안에 주님의 진실한 마음이 가득하도록
사역에 대한 구체적인 분위기와 마음을 주시길 기도하겠습니다.

제 마음이 주님 안에서 더 자유로워지고
관점이 달라지는 게 제일 중요하다는 생각이 드네요.

믿음으로 주님을 따라가고,
주님이 함께하시는 것을 매 순간 느끼려 합니다.
가난하고 무장된 마음으로 사역이 뭔지를 배우는
또 다른 믿음의 시련이라는 생각을 계속 하게 됩니다.

은 집사가 보내온 문자들을 교회 밴드에 공유하고 기도를 부탁하면서, 나는 이런 댓글을 달았다.

기도하는 과정을 옆에서 도우면서
정말 즐겁고 힘이 나는 것 같습니다.
자연스럽게 기도가 되네요.
은 집사님 가정이 잘되게 해달라는 기도는
조금 막막합니다.
그런데 기도로 사역하는 은 집사님의
소원을 들어달라는 기도는
얼마나 간절하고 힘이 있는지 모르겠습니다.
동역하며 위로받습니다.
감사하고, 잘하셨어요.

사역자가 사역하면, 기도하고 사역하는 대로 결국 상황이 진행된다. 그러나 아무도 사역하지 않으면, 상황은 모두가 예상하는 어려운 결말로 간다. 사역자가 대단한 일을 하지 않아도 된다. 다만 소박하게 혼자라도 기도하면서 섬기면, 그가 살아있는 한, 사역이 살아있는 한, 예수님이 결정하신 대로 흘러간다.

기도로 근심 벗어나기

세 가지 해야 할 일

근심에서 벗어나려면 세 가지를 해야 한다. 먼저 그의 나라와 의를 구하기, 내일 일을 염려하지 않기, 이 모든 걸 더하심을 받기. 기도하는 내용상 순서로 말하자면, 우선 염려하지 않아야 한다. 염려하면 거기에 빠져들어서 다른 걸 할 수가 없다.

낙관적인 성격에서 오는 기대나 '염려하지 않겠다'라는 결심만으로는 쉽지 않다. 반드시 기도가 필요하다. 기도를 통해 염려에서 벗어나야 먼저 그의 나라와 의를 구할 수 있다. 그러면 우리의 필요를 아시는 하나님 아버지의 채워주시는 은혜를 경험하게 된다.

주일예배 후, 밖에서 울고 있는 한 집사님을 보았다. 힘들다고 혼잣말하면서 울었다. 잠깐 함께 기도하고 오후 순서가 끝나면 같이 이야기하기로 약속했다. 오후에 그 집사님과 다른 두 집사님까지 함께 대화를 나누었다. 그 집사님에게 두 자녀가 있는데, 힘들었던 자녀가 회복되어 다행이다 싶을 때, 다른 자녀의 입시 문제로 다시 힘들어졌다고 했다.

이야기를 쭉 듣고 먼저 기도부터 했다. 같이 기도하고 다시 이야기하자, 집사님은 많이 차분해져서 말했다.

"입시 문제도 문제지만, 다시 힘들어질 것에 대한 염려가 너무 컸던 것 같아요."

기도를 통해 염려가 조금 수그러들자, 우리는 찬찬히 대화할 수 있었다. 하루, 한순간에도 마음은 변할 수 있으니, 자녀의 상황을 너무 염려하지 말고, 아이가 진정 두려워하는 것을 이해하며 따뜻하게 대해주라고 조언했다. 집사님은 표정이 밝아져서 돌아갔다.

과거에 힘들었던 일이나, 지금 걱정되는 일, 앞으로 어려움이 예상되는 일들이 우리 마음을 힘들게 한다. 마음이 힘들면 믿음과 평안이 흔들린다. 원망이 생기려 하면 분별이 필요하다.

기도가 중단되는 이유

문제 상황이 발생하거나, 필요가 있을 때 기도가 시작된다. 그러나 기도한 대로 상황이나 필요가 해결되지 않는 경우가 더 많다. 그러면 바뀌지 않는 현실에 실망하고 좌절하여 기도를 중단한다.

수요기도회에서 같이 기도하고 배워갈 때, 한 집사님이 한 말이 기억에 남는다.

"그동안 너무 과정이 없는 기도를 한 것 같아요. 상황과 필요가 있어서 해결해달라고 기도하다 금세 중단하곤 했거든요."

이런 경우에는 기도의 방향 전환이 필요하다. 상황만 보고 해결해달라고 기도하는 게 아니라, 자신의 믿음을 살펴서 믿음이 강건해지도록 기도하는 게 우선이다.

믿음의 기도는 병든 자를 구원하리니 주께서 그를 일으키시리라
약 5:15

주께서 병든 자를 일으키시는 기도는 믿음의 기도다. 베드로는 바람을 보고 무서워서 물에 빠졌다. 예수님은 그가 믿음이 작아 의심했다고 말씀하셨다.

그러므로 '바람을 보고 무서워하는 마음'을 위한 기도부터 시작해야 한다. 베드로가 바람을 무서워하여 믿음이 작아졌듯이, 우리도 무엇을 무서워하여 믿음이 작아지는지부터 알아야 한다.

'베드로의 바람'은 마치 우리에게 신호등 같다. 만약 누군가가

"베드로의 바람!"이라고 외친다면, 내가 무서워하는 게 무언지, 그래서 지금 내 믿음이 어떤 상태인지 살필 수 있을 것이다.

상황에 대한 두려움이 예수님을 신뢰하고 의지하는 마음보다 커지고, '장차 이 일이 나를 어떻게 힘들게 할까?'가 예측되어 괴롭고, 도저히 상황이 주는 어려운 마음에서 벗어나지 못해 계속 시달릴 때, 우리 믿음은 우리에게 계속 신호를 보낸다.

믿음을 새롭게 하라고!

믿음이 약해졌다고 느낀다면

예수님은 베드로와 제자들에게 사탄이 밀 까부르듯 하려는 시험이 올 때, 기도해야 한다고 말씀하셨다.

이르시되 어찌하여 자느냐 시험에 들지 않게 일어나 기도하라 하시니라 눅 22:46

시험은 믿음의 시련이다(약 1:2,3). 믿음은 저절로 자라지 않는다. 시련을 겪고, 시험을 감당하면서 기도로 성장한다.

내가 너희에게 뱀과 전갈을 밟으며 원수의 모든 능력을 제어할 권능을 주었으니 너희를 해칠 자가 결코 없으리라 눅 10:19

시험이 몰려올 때, 나는 항상 말씀을 암송한다. 믿음이 흔들리는 내내 계속 신실하게 기도하는 건, 시험이 물러가도록 제어하기 위해서다. 계속 기도하는 것은 무장된 믿음이다.

마귀의 간계를 능히 대적하기 위하여 하나님의 전신갑주를 입으라
엡 6:11

마음이 복잡하고 수시로 상황에 영향받고 있다면, 아직 무장된 믿음이라고 할 수 없다.

마음이 상황에 휩쓸리지 않도록 말씀을 암송하면서 시험이 물러가도록 계속 기도해야 한다. 아직 문제가 해결되지 않았어도, 마음이 다시 평안해지고 시달림에서 벗어날 때까지 신실하게 기도로 방해를 제어하는 것이다.

마음이 가라앉기 시작하면, 본격적으로 하나님께 도와달라고 간구하자. 시달리는 마음으로는 그러기가 쉽지 않다. 수시로 믿음이 흔들려서 화가 나고, 가까운 사람들을 원망하고, 자책하는 경우가 많기 때문이다.

예전부터 교회에서 자주 들었던 "기도 줄을 놓쳤다"라는 말은 아마도 상황에 마음을 빼앗겨서 믿음이 약해지고 기도가 중단되었다는 의미일 것이다.

시달림에서 벗어났다는 건, 먹구름이 물러가고 해가 나오는 것과 비슷하다. 시험이 와서 밀 까부르듯 하는 일들과 믿음의 시련이 있을 때는 먹구름이 잔뜩 끼어서 해가 보이지 않는다. 그러나 기도로 방해를 제어하면 다시 따뜻한 햇살 아래서 평안할 수 있다. 아직 내가 원하는 만큼 문제가 해결되지 않았어도 시달림이 사라져서 하나님께 진실한 마음으로 도와달라고 간구할 수 있다. 나를 사랑하시는 하나님 아버지의 사랑에 기대어 그저 은혜를 베풀어 달라고 말이다.

아직 구체적인 문제 해결은 안 됐지만, 하나님 아버지의 사랑을 다시 느끼는 것만으로도 정말 행복하다. 폭풍우는 사라졌다. 이제 바람이 불어서 항해하면 된다.

나는 재정이 메마르면 마음이 어렵다. 그때는 사람이 떡으로만 살지 않고 하나님의 말씀으로 산다는 예수님의 말씀을 확고히 하는 기도가 필요하다. '재정은 하나님께서 주신다'라는 걸 인식하며 떡을 위해 살지 않고 하나님을 위해 살겠다고 다시 결심하는 것이다. 그러면 시달림이 현저히 줄어든다.

마치 재정이 없으면 살 수 없는 것처럼, 재정을 만들기 위해 살아야 하는 것처럼 속이는 시험이 잠잠해진다. 재정을 통해 믿음을 약하게 만들려는 시험이 사라지는 것이다. 언제나 하나님을 믿고 신뢰하는 게 우선이다.

나는 재정이 메마를 때의 느낌을 선명하게 안다. 종일 마음이 시달린다. 재정이 전혀 없는 것도 아닌데, 두렵고 괴롭다.

지금도 기억이 선명하다. 어느 날, 재정 압박에 내내 시달렸다. 그래서 기도했다. 화장실에서 손을 씻고 나오면서 혼잣말처럼 "그래, 재정이 없으면 어떻게 할 것인가? 하나님을 의지하는 것밖에 무슨 방법이 있는가!"라고 고백하자, 시달림이 사라졌다.

시달림에서 벗어나면, 아직 문제가 해결되지 않았어도 은혜 안에서 하나님께 도와달라고 기도할 수 있다. 시험과 온갖 추측에 시달리면서 문제를 해결해달라고 하는 기도의 약함을 우리는 알고 있다. 그러나 기도로 시달림에서 벗어나면 하나님께 도와달라는 기도가 자연스럽게 나온다. 마치 자녀가 부모에게 밥을 달라고 하는 것과 비슷하다.

너희 중에 누가 아들이 떡을 달라 하는데 돌을 주며 생선을 달라 하는데 뱀을 줄 사람이 있겠느냐 너희가 악한 자라도 좋은 것으로 자식에게 줄 줄 알거든 하물며 하늘에 계신 너희 아버지께서 구하는 자에게 좋은 것으로 주시지 않겠느냐 마 7:9-11

인격적인 반응
믿음이 약해져 상황을 불평하며 원망할 상대를 찾는 건 인격적이지 않다. '왜 내 인생은 이런가?'부터 시작해서 '왜 이런 상황은 나한테만 오는가?', '왜 너를 만났는가?' 등등 비인격적인 내용이 많다.

사실 힘들어도 상황이 지나가면 살 수 있다. 그런데 그때 받은 비인격적인 상처는 오래 남는다. 그러나 그게 두려운 것인지도 모르고 쉽게 상처를 주고받는다.

이사를 힘들게 했다. 다 끝났다 싶었을 때 딸의 책상 서랍이 오지 않았다는 걸 알았다. 딸은 오랫동안 모은 용돈 통장이 거기에 있다고 했다. 딸을 원망하는 마음과 자괴감이 들었다.

'대체 내 인생은 왜 이러지!'

급히 이전 집으로 갔다. 다행히 재활용 장소에 서랍이 버려져 있었다. 나는 딸에게 사과했다.

"네 잘못은 하나도 없는데, 마치 네가 잘못한 것처럼 말해서 미안하구나."

이후 몇 번 더 사과했다. 기도하고 믿음으로 무장하면 이런 일이 현저히 줄어든다. 하나님께서 기도의 자리에서 기다리고 계시고, 그분의 성품과 능력으로 따뜻하게 품어주시기 때문이다.

기도의 과정을 성실하게 진행하면, 문제가 해결되지 않았어도 가까운 사람들과 인격적 관계를 지킬 수 있다. 기도를 통해 하나님의 성품과 능력이 문제보다 더 크게 우리를 보호하시기 때문이다. 이는 우리의 믿음이 상황이 주는 부정적인 감정보다 하나님의 성품과 능력을 더 의지하게 하는 것이기도 하다.

아브라함도 이삭을 받기 전에 신실하신 하나님 아버지의 약속을 받았다. 우리도 믿음을 지키고 기도하면 다시 약속이 새로워지고 따뜻하게 기억되기 시작한다. 그러면 아직 실현되지 않았어도, 하나님의 보호하심과 신실하신 약속이 선명해진다.

'내가 원하는 대로 되지 않으면 다 의미 없다'라는 비인격적인 마음이, 나를 사랑하시고, 보호하시며, 돌보시는 하나님 아버지의 사랑으로 회복된다.

기도로 깨어있기

깨어있기 싫은 마음

내 마음에 들지 않는 상황이 발생하면 짜증이 나서 깨어있기 싫어진다. 그냥 연약함으로 반응하는 게 편하다. 이럴 때 내 마음대로 하지도 못하고 기도로 대응하는 건, 익숙해질 때까지는 내 성격에 맞지 않는다는 생각이 든다.

'명백하게 잘못한 그가 회개하고 돌이켜야지, 오히려 손해 본 내가 기도하면서 문제를 수습하는 건 부당하지 않나?'

부부라도 재정을 대하는 태도가 다르다. 살아온 환경과 성품이 다르니 당연하다. 그런데 문제는 항상 가정에 재정이 부족하다는 것이다.

교회 집사님 부부 중에 한 사람은 재정이 어려우니 지출을 줄이고 한계 안에서 쓰며 살아야 한다고 주장했고, 또 한 사람은 재정이 어려워도 필요한(하다고 생각하는) 건 사야 한다고 주장했다. 문제는 재정의 한계를 고려하지 않고 쓰는 사람에게서 발생했다. 그것을 본 상대는 가정경제가 어려워지고 빚질 생각을 하니 마음이 괴로웠다. 결국 마음 문이 닫혔고, 부부간의 모든 일이 긴장 속에 진행되었다.

한 사람은 상대가 계속 재정을 낭비한 것을 비난하며 모든 일에서 뒤로 물러났다. 재정에 대한 규모가 없는 것과 마음이 상하면 뒤로 물러나는 연약함이 부딪혀서 폭발하고 말았다. 재정을 쓴 사람의 부모님이 나서서 재정을 보내주어 해결되었지만, 상한 마음은 그대로 남았다. 상대의 재정을 대하는 태도가 변하지 않는 한, 언제든지 가정은 위태롭고, 빚에서 벗어날 수 없다고 생각했기 때문이었다.

나는 깨어있어야 한다고 그들에게 부탁했지만, 말이 통하지 않았다. 분명한 팩트(사실)라는 거였다.

"재정을 낭비한 게 분명하고, 그것이 고쳐지지 않는데 다른 게 무슨 의미가 있나요? 재정의 한계를 넘어서 소비하고 빚지는 건 이상한 일이고, 상식적이지 않잖아요?"

그러면서 자신은 상식을 말하는 것뿐이라고 했다. 사실로만 상황을 말하고 상대의 잘못만을 지적하며 상황이 좋아지기 전까지는 아무것도 의미가 없다는 이런 태도는, 결국 깨어있기 싫다는 거였다.

반드시 응답받는 구체적인 기도

그래도 문제를 해결하려면 깨어 기도해야 한다고 나는 계속 설득했다. 그는 기도하기가 힘들다고 했다. 침대에 엎드려 기도하긴 하는데 기도가 이어지지 않는다고 했다. 찬양을 틀면 그나마 조금 더 지속된다고 했다.

서로 돌보며 깨어있는 마음으로 기도하기

'상식적인' 집사님과 '재정에 대해 여유로운' 집사님 부부에게 나는 재정을 사용하기 전에 미리 기도할 것을 부탁했다. 재정을 사용하고 나면, 재정 문제를 계기로 부부간에 힘든 일이 발생하고 나중에 문제가 커지므로, 그때 가서 수습하는 건 힘드니 미리 기도해야 한다고 말했다.

"재정을 사용하기 전 긴장이 있을 때부터 기도하고 있으면, 재정이 사용되어도 평상시와 같은 반응을 보이지 않게 될 것이고, 부부간에도 문제가 커지지 않을 거예요."

이렇게 조언해도 여전히 그들의 재정 사용은 쉽지 않았지만, 상대가 상식적이지 않다고 판단했던 집사님이 마음을 닫고 멀리 도망가는 일이 적어지기 시작했다.

문제는 빚이 늘어나는 거였다. 그래도 과거처럼 힘들어지지 않았고 부부는 서로를 돌보았다. 다행히 재정을 사용하는 집사님의 부모님이 계속 재정을 보내주었다. 나중에는 상식적인 집사님에게서 "정말 이렇게 재정이 채워질 줄 몰랐다"라는 고백을 몇 번이나 들었다.

하나님께서 형편이 넉넉한 부모님을 가정의 재정 통로로 쓰신다는 생각이 들었다. 전에는 그 부모님도 잔소리하곤 했지만, 부부가 서로를 돌보기 시작하면서는 계속 재정을 보내며 도와주었다. 재정 문제가 해결되는 걸 보면서, 그들은 이제 상황을 상황으로만 보지 않았다. 문제가 생기더라도 예전처럼 마음을 닫고 어려워하며 물러나는 게 아니라, 기도하며 예수님의 도움을 구했다.

어느 날 상식적인 집사님이 조금 심각한 얼굴로 예배 후에 이야기를 시작했다.

"저희가 사고를 친 것 같습니다."

들어보니 남양주 천마산역 근처 오래된 빌라 단지에 조그만 가게를 얻어 부리토 김밥집을 열었다고 했다. 그리 심각한 상황은 아니었다. 권리금 없는 가게에 보증금 오백만 원에 월세가 오십만 원이라서 장사가 안되더라도 큰 손해를 입을 것 같진 않았다.

그런데 안양에서 천마산역까지 가는 길이 너무 멀었다. 나는 전철에 전철을 이어 타고 경춘선 천마산역에 내려 커피와 빵을 사서 가게로 찾아갔다. 집사님은 가게를 깨끗이 청소해놓았다. 우리는 한참 동안 아직 개업하지 않은 가게에서 캠핑용 의자에 앉아 이야기를 나누었다. 그는 장사가 잘될지 걱정했다. 무엇보다 가정에 신경 써야 해서 가게에 집중하지 못하는 걸 아쉬워했다.

나는 객관적으로 말해주었다.

"천마산역 빌라 단지에서 부리토를 사 먹을 사람이 있을지 걱정이네요."

집사님은 조금 실망한 눈치였다. 내가 이어 말했다.

"하지만 부부가 항상 서로를 돌보면서 이 가게도 했으면 좋겠습니다."

가게를 열면서 이미 셋째를 임신 중이었기에, 가게는 출산과 아울러 잠시 휴업 중이었다. 그래도 부부는 전보다 따뜻하게 서로를 감당했다. 집사님이 전처럼 뒤로 물러나지 않기 때문이었다.

나는 장담할 수 없는 말을 했다.

"부부가 서로를 돌본다면, 이번 장사 경험이 장차 좋은 밑거름이 될 것 같아요. 사업하시는 부모님이 도와주시지 않겠어요?"

재정에 여유로운 집사님의 부모님이 사업을 하니, 부부가 서로 돌보며 살고 부모님에게 잘한다면 그들이 원하는 사업의 방향으로 나아가지 않을까 싶었다.

중요한 건 서로 돌보며, 깨어있는 마음으로 기도하고, 사역하는 것이다. 서로의 연약함이 부딪히는 상황이 와도 판단하거나 뒤로 물러나지 않아야 한다. 나는 그것이 하나님의 계획일 거라고 생각하며 기도하고 있다.

부부가 평생 서로 사랑하며 살기 위해서는 안정된 사업이나 재정보다, 먼저 서로 깨어서 예수님의 도움을 구하는 삶이 정착되어야 한다. 그렇게 깨어있는 부부에게 예수께서 좋은 것을 주시리라 믿는다.

마음이 둔해진다는 것

그들이 다 예수를 보고 놀람이라 이에 예수께서 곧 그들에게 말씀하여 이르시되 안심하라 내니 두려워하지 말라 하시고(Take courage! It is I. Don't be afraid.) 배에 올라 그들에게 가시니 바람이 그치는지라 제자들이 마음에 심히 놀라니 이는 그들이 그 떡 떼시던 일을 깨닫지 못하고(for they had not understood) 도리어 그 마음이 둔하여졌음이러라(their hearts were hardened.) 막 6:50-52

제자들은 바람이 부는 배 위에서 두려워하고 있었다. 그들은 예수께서 오셔서 바람이 잔잔해졌을 때 놀랐다. 성경은 그 이유를, 그들이 오병이어로 많은 사람을 먹이시던 바로 그 예수님이라는 사실을 이해하지 못하고 마음이 둔해졌기 때문이라고 말씀한다.

우리도 현실에 갇혀 바람을 보고 무서워면서 예수님이 누구시고 무슨 일을 하셨는지를 잊어버린다면 마음이 둔해진 것이다. 깨어있는 건, '바람이 부는 현실 속에서도 예수님은 우리를 구원하실 수 있음을 기억하고 믿는 것'이다. 이는 비현실적인 사고가 아니다. 정말 어렵고 방법이 없는 것 같은 현실에서 예수님의 도움을 받을 수 있도록 믿음으로 깨어있는 것이다. 예수님은 그것을 제자들에게 이해하고 기억하라고 말씀하신다.

> 예수께서 아시고 이르시되 너희가 어찌 떡이 없음으로 수군거리느냐 아직도 알지 못하며 깨닫지 못하느냐 너희 마음이 둔하냐 너희가 눈이 있어도 보지 못하며 귀가 있어도 듣지 못하느냐 또 기억하지 못하느냐(And don't you remember?) 내가 떡 다섯 개를 오천 명에게 떼어줄 때에 조각 몇 바구니를 거두었더냐 이르되 열둘이니이다
>
> 막 8:17-19

기도하는 과정에서 깨어있음의 의미

마음이 둔해지면 현실에 매여 기도할 수 없다. 기도는 마음에서 나오기 때문이다. 또한 현실이 주는 두려움과 대책 없음에 연약함이 폭발한다. 그러면 많은 상처를 남기고, 현실은 더욱 어려워지며, 믿음이 아니라 어려운 현실이 상황과 관계를 장악한다. 그러나 깨어있으면 해결책을 찾지 못해도 기도가 막히지는 않는

다. 현실의 어려움에 매몰되지 않기에 계속 기도할 수 있다.

다시 말해, 기도하면 당장 현실이 바뀌지 않아도 내 연약함이 폭발하는 걸 막을 수 있다. 그러면 가까운 사람들과 관계를 지킬 수 있고, 보다 차분하게 문제에 접근하여 예수님의 뜻을 구할 수 있다. 당연히 예수님의 능력도 경험하게 된다.

무엇보다 예수님이 어떤 일을 행하셨는지를 기억할 수 있다. 앞서 말한 부부처럼 재정이 어려울 때, 지난날 예수님이 어떤 도움을 베푸셨는지, 그래서 그들이 막막한 현실에서 문제를 어떻게 풀어갔는지를 기억하고, 현장감 있는 신뢰를 갖게 된다. 예수님을 믿는 믿음이 자라고, 그 믿음 안에서 서로의 관계도 생명력을 얻는다.

깨어있는 건, 예수님을 믿는 믿음 안에서 깨어있음을 의미한다. 단순히 삶의 문제들만 현실이 아니다. 우리의 믿음도 현실에 깊이 뿌리 내려서 흔들리지 않아야 한다. 생활의 염려로 마음이 둔해져서 믿음이 약해지지 않고, 염려와 싸우며 믿음으로 현실을 바꿔가는 것이 깨어있는 것이다.

기도로 내면 정리하기

상황이 힘들어서 마음이 복잡할 때

상황 때문에 마음이 복잡하다는 건, 아마도 상황이 주는 마음과 상황에 반응하는 내 연약함, 방해, 상처가 혼재되어 있어서일 것이다.

수요일 아침, 일찍 집을 나섰다. 묵상 모임을 7시 30분에 하기 때문이었다. 안양에서 버스를 타고 고속도로를 한참 달려 성남에 도착했다. 커피를 마시며 잠깐 성경을 읽었다. 스타벅스는 늘 우리의 묵상 모임 장소다. 모임에 오는 이들을 위해 커피와 빵을 준비해 따뜻한 묵상 모임을 가졌다.

모임이 끝나자, 인도하는 집사님이 말했다.

"이제 목사님이 더 오시지 않아도 될 것 같아요."

나는 약간 당황했지만, "아… 예, 알겠습니다" 하고 되도록 부드럽게 말했다. 그리고 교회로 가는 버스에서 생각을 정리했다.

몇 달 전부터 더 이상 내가 묵상 모임을 진행하지 않고, 집사님이 하도록 했다(처음에는 한두 번만 참석할 생각이었는데, 집사님의 요청으로 자연스럽게 같이하는 중이었다). 이때 내가 제일 먼저 기도한 것은, 방해가 틈타지 못하도록 하는 거였다. 물론 처음 느꼈던 당황스러움은 내 안에 남아있었다.

그런즉 거짓을 버리고 각각 그 이웃과 더불어 참된 것을 말하라 이는 우리가 서로 지체가 됨이라 분을 내어도 죄를 짓지 말며 해가 지도록 분을 품지 말고 마귀에게 틈을 주지 말라 엡 4:25-27

추측하는 마음으로 사람을 판단하면 방해가 관계 안에서 틈을 갖는다. 그러면 무슨 사역을 해도 방해를 쉽게 이겨내지 못한다. 무엇보다 성령께서 주시는 열매와 은사들이 서로 안의 섬김으로 역사하는 일이 불가능하다. 권능이 사라지는 것이다. 틈이 생겨 진실한 관계가 깨졌기 때문이다.

그래서 방해가 틈타지 못하도록 내내 기도했다. 기도 중에도 수시로 집사님이 왜 갑자기 내게 그렇게 말했는지를 생각했고, 마음이 방해에 영향받지 않도록 계속 기도하며, 그동안의 묵상 모임도 돌아보았다. 마음이 조금 쉼을 얻자, 생각을 정리했다.

우선은 조금 거절감을 느낀 것에 대해 마음을 새롭게 했다. 모세가 거절 당해도 부르심을 따라 사람들을 섬겼다는 설교를 최근에 한 것이 도움이 되었다. 그리고 아내와 통화를 했다. 아내가 말했다.

"집사님의 결정이 고맙네요. 당신을 배려한 것 같아요."

아내의 따뜻한 말이 큰 위로가 되진 않았지만, 생각을 새롭게 하는 데는 도움이 됐다.

'그래, 그럴 수 있겠네.'

마음이 정리되어 오후에 집사님과 통화했다. 나를 배려해준 것 같다고 말했더니, 집사님은 그동안의 감사한 마음을 너무 경직되게 말한 것 같다고 했다. 내가 '그만 오라는 말을 준비할 때 집사님의 마음에 긴장이 있었다면, 나와 미리 이야기를 나눴다면 더 좋았을 것 같다'라고 말하니 서로의 대화가 따뜻해졌다.

기도는 마음에서 나온다

마음이 복잡하면 기도가 되지 않는다. 기도하기 위해 마음을 정리한다기보다는 기도를 시작함으로써 자연스럽게 마음이 정리되고 기도가 분명해진다고 말하고 싶다.

집사님이 더 이상 오지 않아도 된다고 말했을 때, '내가 오지 않겠다고 할 때는 계속 오라더니, 갑자기 그렇게 말을 하나?' 하는 생각을 정리해야 했다. 집사님이 그동안 고마웠다고 말했지만, 내 마음은 "더 오지 않아도 된다"라는 말에 더 큰 의미를 부여하고 있었다. 내가 먼저 주도적으로 오지 않겠다고 결정하고 말했다면 거절감을 느끼지 않았을 텐데, 집사님이 오지 말라고 하니 거절감을 느낀 거였다.

만약 기도하고 집사님과 진실하게 대화하지 않았다면, 아마도 그 상황을 전혀 다르게 인식했을 것이다. 우리는 상황을 인식할 때 조금만 내 마음에 맞지 않아도 금방 부정적으로 추측하게 되며, 내 연약함으로 기억하고, 저장하고, 판단한다.

그러니 상처도 정리해야 한다. 목회를 하면서 사람들이 내게 도움이 필요하면 도와달라고 했다가, 조금만 상황이 좋아지면 내 도움을 귀찮아하는 걸 경험했다. 그런 상처와 이번 일은 상관이 없었다. 또한 본래 묵상 모임에 참여했던 목적이 사람들이 자유롭게 스스로 모임을 만들고 인도하도록 돕는 것이었기에 이는 당연한 일이었다.

문제가 명확하지 않고, 해결 방법을 찾을 수 없을 때

문제가 점점 커지는 이유는, 그에 대한 내 마음이 정리되지 않았기 때문이다. 그러니 기도가 되지 않고, 기도하지 않으니 문제가 주는 메시지를 그대로 받아들이고 대응함으로써 문제가 더 커진다. 발생한 상황에 대한 내 마음을 기도로 정리하기만 해도 문제는 작아진다. 문제가 주는 복잡한 메시지를 받아들이지 않기 때문이다.

마음 안에서 문제가 작아지면 작은 문제 대하듯 대응할 수 있다. 작고 사소한 문제인데 마음속 상처와 방해로 인해 큰 문제가 되는 걸 조심해야 한다.

은 집사는 명신교회에 와서 가장 중요하게 배운 게 '문제를 작게 만드는 것'이라고 나누었다. 한때 은 집사는 교회 방송을 담당하는 집사님 선정을 두고 마음이 어려웠다(방송이래야 태블릿으로 예배를 녹화하고 유튜브에 올리는 것 정도였다).

교회 방송을 맡은 세 집사님 중 둘은 캠퍼스 리더였고, 한 사람은 리더가 아닌데 왜 하냐는 거였다. 그래서 내가 그런 기준으로 선정한 게 아니라 예전부터 해왔기에 하는 거라고 설명했지만 동의하지 않는 듯했다. 급기야 은 집사는 교회에 나오지 않겠다고 했다(지금 생각하면 웃음이 나오지만, 그때는 심각했다).

나중에 은 집사는 동생의 지시에 따라 가정을 섬기면서 수많은 갈등을 겪었다. 주로 일하는 방식의 차이 때문이었다. 결국 그녀는 자기주장을 하지 않게 되었다. 그녀가 자기 방식을 고집할수록 동생이 더 어려워하며 사소한 일까지 간섭하기 때문이었다.

그녀는 동생이 제기하는 문제를 두고 계속 기도하며 문제를 작게 만들었고, 되도록 평안하게 풀어가고자 마음을 쓰며 기도

했다. 이처럼 문제가 명확해진다는 건, 문제를 대하는 자신의 마음이 명확해진다는 의미다.

기도가 본격적으로 진행되기 전까지

이와 같이 성령도 우리의 연약함을 도우시나니 우리는 마땅히 기도할 바를 알지 못하나 오직 성령이 말할 수 없는 탄식으로 우리를 위하여 친히 간구하시느니라 마음을 살피시는 이가 성령의 생각을 아시나니 이는 성령이 하나님의 뜻대로 성도를 위하여 간구하심이니라

롬 8:26,27

우리는 연약해서 기도할 바를 알지 못할 때가 있다. 그것을 하나님 아버지께서 살피시고, 성령께서 우리를 위해 기도하시며 도와주시도록 역사하신다. 성령께서 우리의 연약함을 만지셔서 마음이 새로워질 때, 비로소 우리는 온전하게 생각하고, 기도하고, 문제를 해결할 수 있다.

그래서 기도를 통해 성령께서 역사하시는 마음이 되기 전까지 내 마음이 연약하여 기도하지 않거나 자기 마음대로 반응할 수 있음을 염두에 둘 필요가 있다.

상황이 주는 마음은 선명하고 괴로운데 기도가 되지 않는다.

게다가 나는 그 연약한 마음에서 나오는 괴로움으로 문제를 해결하려 한다. 이것처럼 무모한 일은 없다. 그런 일들이 오랜 시간 우리 삶에 있었고, 삶을 복잡하고 힘들게 만들었다.

이제는 큰 산 같은 문제도 작게 만들어야 한다. 기도를 통해 작게 만들수록 얼마나 마음이 평안하고 좋은지 알게 된다. 그래서 작은 문제도 크게 만들도록 반응하지 않으며, 문제를 해결하는 즐거움도 누릴 수 있다.

추측과 판단에서 나오는 시나리오

문제가 발생하면 그로부터 파생되는 수많은 생각에 시달린다. 어려운 일일수록 추측과 판단이 많아진다. 내가 성도들에게 강조하는 것 중 하나는, 혹시 무슨 일이 발생하여 그에 대한 추측들이 생겨도 신뢰하지 말라는 거다. 어려운 마음에 기인한 추측은 거의 진실이 아니기 때문이다. 그런데도 수많은 추측이 우리 마음에 영향을 주어서, 상황의 전후를 꿰맞춘다.

생각만 그렇게 하는 게 아니라 확인 작업까지 거친다. 그런데 단순한 사실 확인이 아닌 경우가 많다. 내 추측과 판단에서 나온 시나리오가 맞다는 생각으로 사람들에게 메시지를 전달하여 내 편으로 만들려는 시도를 한다. 그러면 자연스럽게 분열이 일어나고, 편이 갈리며, 지도력은 신뢰를 잃는다.

사태가 그 정도까지 가면, 얼마나 많은 수고로 진실을 전달하면서 사람들을 설득해야 하는지 모른다. 왜 일을 그렇게 만드는가! 자신의 추측과 판단을 기도 속에서 정리하면 될 것을.

　그러나 공동체 안에 기도하는 사람들이 있으면 문제는 항상 작아진다. 이는 진실한 소리에 귀를 막는다는 의미가 아니다. 또 모든 문제 제기를 받아들이지 말라는 얘기도 아니다. 어떤 시나리오든지 각자 기도를 통해 점검해야 한다는 것이다.

　기도하기 전에는 자신의 추측과 판단을 신뢰하지 않는 것이 옳다. 그것은 스스로에 대한 확신 없음이 아니다. 하나님께서 주시는 은혜가 있기 전에는 내 연약함으로 상황을 판단하고 추측할 수 있음을 염두에 둔 신중한 태도다.

　그렇게 기도를 통해 점검하면, 다른 사람도 진실하게 도울 수 있다. 사람들이 자기편을 들어달라고 말하는 것 같지만, 실은 그것이 하나님께서 주시는 진실한 응답을 듣고 싶다는 목마름일 수 있다.

기도로 상황이 주는
메시지 분별하기

갑작스러운 상황 발생

힘들고 어려운 상황이 갑작스럽게 발생할 수 있다. 언제나 그렇지만 원인과 결과를 자세히 알기는 쉽지 않다. 베드로에게 바람이 분 원인을 누가 알겠는가! 우리는 베드로를 향해 바람이 불고 그가 무서워하여 물에 빠진 상황을 알고 있다. 그의 믿음이 작아지고 의심이 생겼다는 것도 성경을 통해 안다(마 14:30,31).

즉 우리에게 발생한 상황의 원인을 알기는 어렵지만, 그 상황이 주는 메시지는 분별할 수 있다. 전체적으로 보아서 믿음이 약해지게 한다면, 그 상황이 우리에게 믿음이 약해지도록 어떤 메시지를 주는 것으로 보면 된다. 물론 상황이 심각하면 그 상황을 객관적으로 분별하기 어렵다. 그래서 지난 일을 분별하는 게 필요하다.

그리고 아직 상황이 발생하지 않았을 때, 성경의 원칙을 따라 이해하고 정리하는 게 중요하다. 그렇게 준비하면 상황이 발생했을 때, 여전히 힘들고 믿음이 도전을 받아도 성경적 가치로 무장한 분별이 힘을 발휘할 수 있다. 그것이 배움의 힘이다.

상황 발생 시 그동안의 반응 과정

상황이 발생하면 먼저 마음이 힘들어진다. 쉽게 해결되지 않는 상황은 우리의 고질적인 연약한 반응을 유도한다. 애써 참으려 하지만 연약한 반응으로 상황을 제압하려 하는 습관이 나온다. 그러나 상황이 제어되는 게 아니라, 깊은 상처를 남기고 관계나 환경을 더 어렵게 만들고 나서야 종료된다. 이것이 그동안 우리가 상황을 대하는 방식이었다.

늦둥이 막내아들과 다시 여행을 시작했다. 우리 가족은 지금은 대학을 졸업한 큰아이를 기를 때부터 같이 여행을 다녔다. 이제 다 큰 두 아이는 부모와의 여행을 부담스러워한다. 그래서 초등학교 2학년인 막내와 다시 즐거운 여행을 다닌다. 기차를 좋아하는 막내와 수도권 근교를 다니다가 쉬는 날이 많을 때 여수에 가기로 했다.

숙소를 잡고 여행 일정을 정하고 즐겁게 다녔다. 케이블카도 타고, 거북선도 보고, 수족관도 가고, 오동도에 가는 기차 모양

버스도 탔다. 여행의 마지막은 레일바이크를 타는 것이었다. 기다리는 동안 잠깐 바닷가에 발을 담그고 행복한 시간을 보냈다.

레일바이크를 탄 후에 기차 시간이 많이 남아서 순천을 잠깐 구경하고 올라가면 어떻겠냐고 물었다. 그런데 막내가 안 된다며 화를 내는 바람에 여수 시내에서 식사하고 여수역에서 집으로 왔다.

여행 후, 한참이 지나서 막내가 다시는 여행을 가지 않겠다고 했다. 내가 물었다.

"왜? 숙소도 좋아서 다시 오자고 했었잖아?"

아들은 내가 화를 냈기 때문이라고 했다. 순천만을 보는 것도 좋고, 순천이 가깝다고 설명하며 나름 인내심을 발휘했건만…. 나중에 아들은 자기가 좋아하는 런닝맨 출연자들이 순천만에서 야영하는 모습을 보고서야 내 말을 이해했다.

연휴에 막내가 좋아하는 전쟁기념관에 가기로 했다. 벌써 세 번째다. 안양역에서 무궁화호를 타고 서울역에 가서 전쟁기념관에 가는 전철을 탔다. 서울역에 내리자, 아들이 감자튀김을 먹고 싶다고 했다. 2층에 있는 버거킹에서 자주 먹었기 때문에 그러자고 했다. 그런데 아들은 아니라며 망설였다. 아마도 화장실을 가지 못해서 속이 불편한 것 같았다.

아이들은 좋았던 기억을 그대로 반복하고 싶어 한다. 그래서 나는 돌아올 때, 서울역에 와서 먹어도 되고, 걷다 보면 감자튀김을 먹을 수 있는 곳이 나올 수도 있다고 설명했다. 그리고 같이 서울역 밖으로 나왔는데 감자튀김을 먹을 만한 곳이 없었다.

아들은 걸어가는 내내 짜증을 냈다.

"왜 서울역에서 먹지 않고 나온 거야? 대체 언제 감자튀김을 먹어?"

나는 휴대전화로 지도를 보여주며 근처 롯데리아에 가서 먹을 수 있다고 설명했다. 그러나 아들의 짜증은 그 앞에 가서도 멈추지 않았다. 순간, 조금이라도 내 목소리 톤이 바뀌면 아들이 울 것 같았다. 그러면 또 여행을 하지 않겠다는 아들의 말에 시달려야 할 것 같았다.

내 기도는 아들이 잠잠해지게 해달라는 게 아니었다. 기도해도 별 소용이 없을 테니까. 대신 내 반응을 향한 간절한 마음이 들었다. 이번에는 반응을 잘하고 싶었다. 그러려면 용기가 필요했다. 만약 아들이 울기 직전 상태로 가게에 들어가면 모두가 최악으로 여기는 상황이 발생할 것 같았다. 나와 아내는 난감해서 외면하고, 아들은 울면서 감자튀김을 먹는.

그래서 가게로 들어가지 않고 전철을 타기 위해 내려가면서 설명했다.

"지금 감자튀김을 먹으면 아마도 너는 울 것 같고, 우리는 모두 힘들어질 것 같아서 롯데리아로 들어가지 않았어."

그런데 아들이 의외로 잠잠했다. 전철을 타러 오기 전, 롯데리아 근처에서 나는 조용하지만 짧고 단호하게 말했었다.

"김식, 그만해."

표정과 톤을 신경 썼지만 어쩔 수 없었다. 그래도 아들이 롯데리아에 들어가지 않은 이유를 듣고 조금 수그러들어서 다행이었다. 아마도 아내가 기도한 영향인 것 같았다.

막내의 반응을 다 받아줄 수는 없다. 분명 교정이 필요하다. 그 과정에서 내 연약함이 나올 수 있다. 그러면 아이는 내 연약함만을 기억할 것이다. 나는 그것이 두렵기도 하고 억울하기도 했다. 그래도 이 일의 책임은 반응하는 나에게 있었다.

전철을 타기 전에 자동판매기에서 아들이 좋아하는 컨피던스(비타민 음료)를 사주었다. 아들은 음료를 먹으니 기분이 풀린다고 말했다. 그리고 전쟁기념관으로 가는 길, 피자집에서 지난번처럼 피자와 감자튀김을 먹으며 내가 말했다.

"서울역에서 네가 먹지 않겠다고 해서 나온 건데, 당장 감자튀김을 내놓으라고 계속 말하면 아빠가 힘들지."

"응! 억울할 수도 있겠네."

아들은 이해하는 듯했다. 아내와 "여행은 언제나 이런 스릴이 있다"라고 말하며 우리는 전쟁기념관으로 들어갔다.

연휴가 엿새나 되어서 다음 날엔 덕수궁에 가기로 했다. 석조

전을 바라보며 궁궐 처마 밑 그늘에서 선선한 가을바람에 쉼이 가득한 시간이었다. 경희궁 앞 냉면집에서 명동에 다녀온 딸과 만나 식사하고 서울역에서 기차를 타고 안양으로 돌아가는 일정이었다.

조명이 아름다운 덕수궁 길을 걸어서 버스를 타려고 했지만, 서울역까지 버스를 타기도, 걸어가기도 애매했다. 막내는 걸어가자고 했다. 짜증 내지 않겠다는 다짐까지 하며. 그래서 우리는 서울역까지 즐겁게 걸어갔다.

"와! 짜증 내지 않겠다는 말을 지켰네. 정말 대단하다!"

나는 막내를 격려하며 기차에 탔다.

상황에 대한 자신의 반응을 살핀다는 것

베드로가 나중에 물에 빠진 상황을 어떻게 이해했는지는 알 수 없다. 분명한 것은 예수님의 말씀처럼 예수님을 신뢰하지 않고 의심했다는 걸 인정하지 않았을까? 쉬운 일은 아니다. '바람이 불어서 무섭고 물에 빠지는데 어디에 믿음이 없고, 의심이 생겼다는 말인가?' 하는 것이 일반적인 반응이다. 자신의 반응을 찬찬히 살피는 건 자연스럽게 되지 않는다. 은혜로만 가능하다.

힘든 상황이 올 때 자신의 반응을 돌아보도록 성도에게 권면하면, 보통은 이렇게 반응한다.

"상황이 힘들고 어려운데, 제가 뭘 잘못한 것처럼 제 반응을 살피라니요? 목사님은 사랑이 없으신 것 같아요."

만약 막내가 바뀌어야 하고, 막내 때문에 힘들다고 생각했다면, 내 반응을 신경 쓰지 않았을 것이다. 아이를 어떻게 바꿀지와 아이 때문에 힘들다는 데 집중했을 것이다. 그러나 나를 힘들게 하는 상황을 바꾸겠다는 이 결정은 나에게도, 아들에게도 아무 도움이 되지 않는다. 그러니 당연히 먼저 생각해야 하는 건 나의 반응이다.

나의 연약함에 따른 반응이 있음을 생각한다. 어떤 상황 앞에서 내 마음이 어려워지면 목소리 톤이 바뀌고 표정이 굳어지는 걸 아들은 금방 느낀다. 이것들을 신경 쓰면서 반응하려니 매우 힘들다.

'마음이 어려운데 표정과 톤을 좋게 하는 건 극한의 감정노동 아닌가!'

이런 생각이 절로 든다. 단순히 아들의 마음을 풀어주려고 내 반응을 점검하는 건 아니다. 내 믿음을 생각해서다. 그러다 보니 힘든 상황이 오면 마음이 좁아지고 내 표정과 톤에 긴장이 생기는 걸 당연하게 여기지 않게 되었다. 이런 상황에서도 여유를 가질 수 있다고 생각한다. 그러기 위해 기도하며 내 반응을 돌아본다. 그러면 다음에는 훨씬 더 여유롭게 반응하게 된다.

그때 아이의 반응은 나와 아이를 더욱 행복하게 한다. 아이는 상황보다 내 반응에 더 관심이 크다. 감자튀김을 당장 못 먹는 것에 대한 문제지만, 그것을 향한 아빠의 말과 표정이 아이에게는 더 주요하다. 내가 믿음으로 반응하면 상황이 상처 없이 수그러들지만, 긴장된 반응을 하면 서로가 힘들어진다.

구체적인 기도의 과정

구체적인 기도를 하려면 기도하는 내 마음을 아는 게 필요하다. 기도는 마음에서 나온다. '내 마음을 나도 모르는 기도'가 될 수도 있다. 막내의 마음이 풀리게 해달라는 기도는 내 반응을 살피지 않은 기도다. 그것은 상황을 향한 내 믿음에 대한 분별도 없고, 당연히 믿음에서 나오는 기도도 아니다. 그저 나를 힘들게 하는 상황만 좋게 해결해달라는 기도다.

그러니 상황에 대한 내 반응을 살피는 기도를 해야 한다. 내 반응이 연약함이 아니라 조금 더 여유롭고 믿음 안에서 자연스러운 반응이 되도록 기도하면, 상황 대응이 좋아져서 당연히 상황도 나아질 것이다.

그래서 우선 내 반응에 대한 예수님의 뜻을 알고자 기도한다. 그러면 항상 격려받는 것 같다. 혹 연약함으로 반응했더라도 내 연약함에 은혜를 구하는 기도는 언제나 즉각 따뜻함으로 응답받는다. 그 은혜가 나로 하여금 다음번에 더욱 여유롭게 반응하게 만든다. 혹시 기도가 막히고 막연한가? 내 반응(마음)을 살피고 진실하게 아뢰면 따뜻한 은혜가 임한다. 이런 과정을 성실하게 수행하는 것이 예수님을 향한 신뢰, 믿음이 더욱 깊어지는 과정이다.

나의 연약함을 알고, 은혜를 구할 때마다 받는 은혜를 통해 예수님이 원하시는 반응을 하고 싶다는 열망이 생긴다. 그럴 때 믿음이 자라난다.

PART 2

기도를 위한
마음 살피기

마음은 눈에 보이지 않아서
흔히 마음을 위해 기도하지 않는다.
그러면 '내 마음을 나도 모른 채'
허둥대며 기도할 수 있다.
상황에 대해 구체적으로 기도하기를 원한다면
먼저 기도가 나오는 마음의 내용을 살펴야 한다.

Specific Prayer

내면을 돌아보는
터닝 포인트

터닝 포인트

사실 좀처럼 마음이 바뀌지 않는다. 상황이 주는 부담을 떨쳐 버리기가 쉽지 않다. 상황 때문에 믿음이 연약해지는 패턴을 벗어 나기가 어렵다. 아마도 그것은 상황을 먼저 보고 해결하려 하기 때문일 것이다.

이때 터닝 포인트는 상황을 먼저 보고 영향받은 마음으로 해결 책을 찾는 게 아니라, 상황 때문에 약해지려는 믿음을 먼저 점검 하는 쪽으로 생각을 정하는 거다. 자기 마음이 '상황'을 먼저 향 하는지, 아니면 마음을 살펴서 '믿음'을 점검하는지를 살펴보자.

다시 말해, 상황이 발생했을 때 우선 방해를 제어하고, 자신의 반응을 살펴서 연약함으로 가지 않고, 예수님이 원하시는 반응 을 하기 위해 기도하는 게 터닝 포인트다. 그러면 믿음이 강건해 지고 문제를 해결하는 실제적인 기도가 가능해진다. 마음을 정했어도 여전히 문제 해결이 안 되고 시달림이 있어서, 마음이 믿음을 점검하는 쪽으로 방향 전환하는 걸 별로 중요하지 않게 여길 수는 있지만, 사실은 근본적인 방향이 바뀐 것이다.

삶의 문제들은 믿음을 시험한다. 그러므로 상황이 와도 시험에 들지 않고 믿음을 강건하게 하는 기회로 삼으면, 시험은 의미를 잃는다. 그러면 두려움도 현저히 줄어서, 문제를 해결할 수 있다는 예수님을 향한 신뢰가 자연스러워진다. 불안하고 쫓기는 상황에서도 여유를 가질 수 있다. 이전에 문제가 되었던 시달림이 내면에서 힘을 잃었음을 점점 알아간다.

터닝 포인트의 실제 내용

삶에서 간절히 원하는 문제들이 근본적으로 해결되지 않아서 그 문제가 언제고 다시 발생하면 마음이 어려워지고, 상황을 분별하지 못하며, 예전의 연약함으로 돌아가기도 한다. 그러면 믿음으로 마음이 새로워지고 회복되었던 느낌을 상실한다.

예수님의 제자들도 예수님이 오병이어, 칠병이어로 많은 사람을 먹이셨지만 바람이 불 때, 떡이 없을 때 예수님과 그분이 행하신 일들을 기억하지 못했다.

배에 올라 그들에게 가시니 바람이 그치는지라 제자들이 마음에 심히 놀라니 이는 그들이 그 떡 떼시던 일을 깨닫지 못하고 도리어 그 마음이 둔하여졌음이러라 막 6:51,52

삶의 중요한 영역에 근본적인 두려움이 있을 때, 얼른 믿음으로 방향을 정하기가 쉽지 않다. 하지만 그때 '다시 처음부터 훈련해야 하는가?' 하고 낙담할 필요는 없다. 조금만 기다리면 이전처럼 너무 멀리 가지 않고도 회복된다. 시간이 조금 걸려도 반드시 믿음으로 돌아온다.

곁에서 동역자가 너무 서두르지 말아야 한다. 왜 믿음이 무너졌냐고, 빨리 회복해야 한다고 다그치면 관계가 어려워진다. 서로 조금 힘들어도 잠시 시간을 가지면 하나님께서 은혜를 주실 때, 다시 믿음을 함께 점검하며 성장할 수 있다.

터닝 포인트 중 하나는, 상황이 주는 시달림을 최소화하고, '상황 해결을 위한 기도'에서 '내면의 믿음을 향한 기도'로 옮겨가는 시간을 줄이는 것이다.

회복했다가 또다시 어려워져도 걱정하지 마라. 사람은 언제든 시험에 연약하게 반응할 수 있다. 한번 믿음으로 삶의 문제를 감당했다고 해서 모든 영역을 잘 감당한다는 보장은 없다. 또다시 믿음이 약해지고 상황에 영향받아도 그 사람의 인격을 의심할 필요는 없다. 그저 믿음의 문제로 여기고 도우면 된다.

사람이 어떤 상황에 놓이면 자연스럽게 반응하는 양식이 있을 수 있는데, 그것을 문제삼기보다 다시 믿음으로 예수님을 신뢰하고 삶을 감당하도록 돕는 것이 동역자의 역할이다. 그러다 보면 사람을 향해 어떤 기대도 하지 않게 되는 문제점도 있지만, 서로 일정한 거리를 유지하면서 언제든 돕는 관계가 될 수도 있다. 일정한 거리를 두는 것이 시험이 올 때 서로에게 더 도움이 된다.

성도가 믿음으로 문제를 감당하고 회복하면 내 기대가 한껏 올라간다.

'아, 이제 놀라운 경험을 했으니, 교회에서 중요한 지도자로 자라고 예수님의 좋은 제자로 영향력 있게 살겠구나.'

그래서 더 돌보며 돕곤 한다. 그러나 시간이 지나면 다시 완전히 은혜가 사라지고 믿음의 반응이 전혀 없는 사람처럼 돌아가기도 한다. 그때 기다리며 시간을 보내도 교회가 무너지지 않는다는 걸 알았다. 성도의 상태가 교회의 상태인 줄 알았는데 그렇지 않았다.

교회는 예수님의 교회이고, 예수님이 결정하시면 교회는 강건하다. 성도들이 믿음이 강건해서 권능 있는 조직을 만드는 게 아니다. 그래서 나는 사람을 세워서 강건한 공동체를 만들려는 시도를 내려놓았다.

각 사람이 예수님을 향해 믿음으로 반응하는 것은 예수님의 주권적인 결정과 각 사람의 인격적인 순종을 통해 가능하다. 그래서 나는 사람의 상태를 먼저 보는 게 아니라 예수님의 결정을 보게 되었다. 사람들이 어떤 상태든 예수님을 향해 믿음으로 반응하며 사역했다.

사람들도 자신의 상태를 아주 모르는 건 아니다. 믿음은 살아 있지만, 삶이 헝클어진 이들이 많은 것 같다. 그럼에도 여전히 믿음에 관한 내용들은 서로에게 영향을 발휘한다. 예전처럼 활발하게 역동하는 신앙이 아니더라도 믿음으로 사역이 진행되고 문제가 기적처럼 해결되는 때도 가끔 있다.

대부분의 성도가 삶의 문제들 속에서 그나마 믿음을 지키고 연약하지만 뒤로 물러나지 않고 버티고 있다. 이런 시간이 소중하다. 언젠가 메마른 대지에 불이 붙을 때가 올 것이다.

터닝 포인트의 효과

마음의 방향이 내면의 믿음을 점검하는 쪽으로 바뀌면, 먼저 사람을 찾는 일이 줄어든다. 이런 터닝 포인트가 일어나기 전에는 힘들면 내 어려운 마음을 받아줄 사람을 바로 찾았다. 그때 상대가 조금이라도 호응하지 않으면 관계에 문제가 생겼다. 서로의 믿음에 아무 도움도 되지 않고, 심지어 믿음이 더욱 약해지는데도 상대가 반응하지 않으면 문제가 더 커졌다.

나는 그런 관계의 두려움에 오래 시달렸다. 지금 무언가 하지 않으면 관계가 깨지고 교회 안에 문제가 생길 것이라는 두려움.

상황 때문에 마음이 어려워서 사람을 찾고 어려움을 풀고자 하는 건 단순히 대화 상대를 찾는 게 아니다. 여차하면 서로 시험에 들어 공동체 분열이 시작되기도 한다. 한 사람의 분노가 여러 사람에게 전달되고 불붙는 것을 느낄 수 있다.

그때 허둥지둥하면 안 된다. 믿음을 새롭게 하도록 권면하고 도우면 공동체 안의 관계가 믿음으로 새롭게 되는 원칙들이 형성된다. 그렇지 않으면, 시험에 든 반응으로 사람을 찾을 때마다 공동체가 흔들린다.

힘든 중에도 만나서 서로의 믿음을 격려하며 어떻게 믿음으로 감당할지 함께 기도하는 게 얼마나 이상적인가! 이 일은 가능하다. 물론 언제고 또 흔들린다. 그래도 서로 돌보는 믿음이 흔들림보다 강하다.

터닝 포인트가 일어나면 상황이 주는 부담으로 인한 시달림이 줄어든다. 과거에 숨도 쉬지 못할 정도로 시달릴 때가 있었다.

'아, 이것은 어떻게 할 수 없는 것인가!'

절망감이 들었다. 그러나 믿음으로 마음을 정하고 기도하면서부터는 시달림이 현저히 줄었다. 그때 시달림은 절대적인 것이 아니라 믿음으로 마음을 정하면 줄어드는 것임을 알았다.

서로 말은 안 하지만 시달리는 상황에서 공동체 안에 무슨 일이 생기면, 생각보다 일이 커진다. 그런데 서로의 시달림에 대해 알게 되고, 그것을 다스리기 시작하면 큰 문제도 작은 문제가 된다.

강건한 공동체는 문제를 작게 만들어간다. 서로 능숙해지면 짧은 한마디, 소박하고 단순한 기도로도 서로의 마음이 금방 회복되고 강건해진다. 분위기도 일순간에 즐겁고 부드러워진다. 교회로 모여서 예배드릴 때마다 믿음이 회복되고, 시달림이 힘을 잃으며, 서로의 관계가 자연스러워진다.

사람들은 예배만이 아니라 일상에서도 그렇게 되기를 원한다. 또 그렇게 되는 것이 맞다. 그러려면 가정과 직장에서 믿음으로 살아가는 터닝 포인트가 일어나야 한다. 교회로 모일 때는 사역자들이 믿음으로 무장되어 성령께서 주신 권능으로 동역하기에 마음이 자연스럽게 영향을 받고 회복된다. 그런데 일상에서는 그런 일이 없다. 그래서 교회로 모여 훈련하고 익혀서 삶의 현장에서 스스로 마음을 정하고 믿음으로 살아가야 한다.

상황에 따른 원망이나 누군가를 탓하고 싶은 마음이 줄어들면 문제를 해결하도록 돕기가 쉬워진다. 문제가 생기면 문제 자체보다 그로 인한 원망이 주는 영향이 더 무섭다. 원망하는 사람은 잘 모르지만, 옆 사람은 저 멀리 도망가고 싶어진다. 그런데 원망이나 남 탓하는 마음이 없으면 관계의 근본적인 내용에 불안함이 없고 평안하다. 어려운 중에도 평소와 같은 관계를 지키기에 서로를 향한 신뢰가 더 깊어진다.

상황이 여전히 어려운데 서로 신뢰하는 게 아무 힘이 되지 않는 것 같아도, 그렇지 않다. 문제 해결의 열쇠는 결국 예수님을 신뢰하는 믿음에 있기 때문이다.

예수께서 이르시되 할 수 있거든이 무슨 말이냐 믿는 자에게는 능히 하지 못할 일이 없느니라 하시니(Everything is possible for one who believes.) 막 9:23

예수님은 모든 걸 하실 수 있다. 중요한 것은 그분을 믿는 우리의 믿음이다. 베드로도 나면서부터 다리가 아픈 사람을 고치고 나서 이렇게 말했다.

그 이름을 믿으므로 그 이름이 너희가 보고 아는 이 사람을 성하게 하였나니 예수로 말미암아 난 믿음이 너희 모든 사람 앞에서 이같이 완전히 낫게 하였느니라 행 3:16

원망과 시비 없이 서로 예수님을 신뢰하는 믿음을 격려하는 것이 문제 해결에 얼마나 결정적인지를 기억해야 한다. 함께 원망하거나 남을 탓하는 건 문제 해결에서 멀어지는 길이다.

문제는 수시로 계속 일어난다. 문제 자체를 통제할 수는 없다.

결국 믿음으로 마음을 정하고 문제를 다스려야 한다. 터닝 포인트가 일어났다는 건, 항상 발생할 수 있는 문제에 대한 열쇠를 가진 것이다. 문제를 해결하는 올바른 방법을 확실히 익힌 것이다.

마음에 가장 영향을 주는
상황 찾기

무엇이 믿음을 약하게 하는가?

가을 햇살을 맞으며 교회로 가는 길, 세 정류장쯤 걷다가 만둣집에서 고기만두를 샀다. 교회에 있는 컵라면과 함께 먹으면 맛있는 점심이 될 것 같았다. 그리고 즐겁게 버스를 타고 교회로 가는데, 이 집사님에게서 전화가 왔다. 조금 긴 내용인데 괜찮겠냐고 해서 당연히 괜찮다고 말했다.

그는 외국에서 공부하는 아들의 졸업 문제를 이야기했다. 군대 가기 전 복수전공을 신청하고 수업을 들었는데, 제대 후 학교 규정이 바뀐 걸 모른 채로 수업을 듣고 졸업을 기다린 아들에게 졸업이 거절되는 상황이 발생한 거였다. 집사님은 학교에서 사용하는 용어로 '리젝트'(reject)라고 말했다.

상황을 들은 나는 세 가지 정도로 말했다. 예전 같으면 입이 떨어지지 않았을 것이다. 그래도 그동안 같이 믿음으로 기도하며

반드시 응답받는 구체적인 기도

상황을 감당하는 걸 배워왔기에 갑작스러운 상황이 발생해도 나누고 이야기할 수 있어서 다행이었다.

집사님과 자녀가 이미 충분히 찾아봤겠지만, 그래도 믿음 안에서 말했다. 순서상 첫 번째는 아닐 것 같지만, 우선 현실적인 부분을 나누었다. 학생들끼리 소통하는 사이트가 있는데, 그곳에 비슷한 상황의 사람이 있다면 도움을 요청해보라고 말했다. 그리고 담당자를 만나러 가기 전에 군대 가기 전 규정에 관한 자료들을 충분히 찾아서 가면 좋겠다고 했다. 집사님은 이미 자녀에게 그렇게 하라고 했다고 말했다.

두 번째로는 이 상황에서 '예수님을 향한 신뢰'가 무엇인지 생각해보면 좋겠다고 했다. 갑작스럽게 어려운 상황이 발생했을 때, 상황이 급하기는 하지만 우리의 믿음, 예수님을 신뢰하는 마음이 영향을 받기에 예수님을 신뢰하는 마음에 가장 영향을 주는 내용이 무언지 기도하며 찾아보자고 했다.

마지막으로는 부모의 믿음에 대해 나누었다. 성경에 예수님에게 고침을 받은 사람 중 예수님이 그 부모의 믿음을 보시고 역사하신 경우가 있다. 대표적으로 수로보니게 여인과(막 7:24-30) 자신의 믿음 없음을 도와달라고 구하고 아이를 고친 아버지에 관한 내용이다(막 9:14-29). 이런 상황에서 집사님의 믿음을 약하게 만드는 내용이 무엇인지 살펴서 기도해보자고 했다.

지난번에 집사님과 묵상 모임을 하면서 나누었던 '아이를 고친 아버지의 믿음'에 관한 마가복음 구절도 다시 읽어보도록 권면했다. 집사님들과 같이 묵상 모임을 하면서 두 시간가량 믿음에 대해 나누었는데, 이날을 위함이 아닌가 싶었다. 집사님은 훈련된 분이라 진지하게 듣고 기도하겠다고 했다. 나도 집사님의 믿음을 위해 기도하기 시작했다.

조금 후에 집사님으로부터 감동적인 문자가 왔다.

목사님,
마가복음 본문을 다시 읽으며
'예수님의 위로하심이 있구나'라는 생각이 들었습니다.
또 본문을 읽으면서
'우리를 불쌍히 여기시고 도와주옵소서.
나의 믿음 없는 것을 도와주소서'라고 기도했습니다.
계속 동일한 문제가 발생할 때마다
당장 눈앞의 문제보다 제 가족의 현실,
무주택 월세에 계속 지출만 있고 재정을 모을 수 없는 상황이
아이들이 졸업하고도 되풀이되고 있는 게
저를 더욱 괴롭히고, 상황으로 인한 확대된 고통이
두려움으로 몰아넣는 것 같습니다.
그래서 아이들이 가여운 마음도 있지만,
그들에 대한 원망도 있었습니다.

반드시 응답받는 구체적인 기도

하지만 그런 생각이 들 때마다
목사님이 말씀하신 '부모의 믿음'이 떠올라
다시 기도하게 되었습니다.
이 상황이 어떻게 흘러갈지 모르지만
포기하지 않고 기도하고 싶습니다.

문자를 받자마자 집사님을 향한 긍휼함이 일었다. 기도가 절로 나왔다.

'좋으신 예수님, 집사님을 도와주시옵소서. 집사님의 가난한 마음을 보시고 긍휼히 여기사 기도를 들어주시옵소서.'

간절히 기도하게 되었다.

가장 영향을 주는 마음의 내용 찾기

이 집사님과의 첫 대화는 '아들의 졸업 문제'였다. 항상 하던 대로 이 상황에서 믿음이 약해지도록 가장 영향을 주는 내용이 무엇인지 살펴 기도하자고 했을 때, 집사님은 '재정 상황'을 말했다.

그녀는 자녀들이 장성하면서 재정이 더 이상 모이지 않고 계속 물 흘러가듯 나가는 걸 경험했다. 나도 부모로서 그 심정을 어느 정도 안다. 나도 시달리기 때문이다.

집사님은 아들이 졸업하면 이 시달림에서 조금이라도 벗어나

길 기대했는데 졸업이 안 될 상황이 되니, 그것이 곧바로 집사님의 재정에 대한 시달림을 건드린 거였다.

그런 상황이 일어난 의도는 알 수 없다. 그러나 상황이 건드리는 마음의 내용을 살피면, 그 의도를 어느 정도 짐작할 수 있다. 상황이 답답하지만, 그것이 주는 영향을 생각하기 시작하면 마음의 진짜 어려움, 믿음이 연약해지는 내용이 무언지 분별할 수 있다. 그러면 기도의 방향이 바뀐다.

상황 해결을 위한 기도도 하지만, 먼저 믿음이 공격받는 것에 대해 기도하게 된다. 어려운 현실에 대한 두려움이 건드려졌기에 기도하는 마음도 가난해진다. 집사님은 예수님에게 진심으로 도와달라는 기도를 시작했다. 재정이 모이지 않고 사라지는 것에 대한 아픈 마음을 고백하면서 말이다.

상황에 대해서만 기도하면 답답함을 벗어나기 어렵지만, 아픈 마음을 위해 기도하면 예수님의 따뜻한 응답과 위로가 샘물처럼 찾아온다. 그 막막한 재정 상황의 고통을 예수께 아뢰면, 그분의 따뜻한 위로가 임한다. 그러면 믿음과 아들을 향한 마음이 새로워진다.

아들이 타국에서 혼자 외롭게 싸우는 게 가엽기도 하고, 또 재정 상황을 생각하면 낙담이 되지만 예수님에게 받은 위로가 아들에게도 전달될 것이다. 그러면 사람들과 믿음으로 같이 기도하고, 나누고, 돌보는 일들이 생긴다.

믿음이 새로워졌다면 상황이 의도했던 내용들(낙담하여 믿음을 잃는 것)이 무력화된다. 믿음이 더욱 강건해진다. 집사님은 결과를 예수님의 주권에 맡기고, 가족들과 이 문제를 계속 믿음으로 기도하며 감당할 것이다.

의심의 내용

바람을 보고 무서워 빠져가는지라 소리 질러 이르되 주여 나를 구원하소서 하니 예수께서 즉시 손을 내밀어 그를 붙잡으시며 이르시되 믿음이 작은 자여 왜 의심하였느냐 하시고 마 14:30,31

'베드로의 바람'이 내내 언급되고 있다. 이는 '믿음이 약해지게 만드는 상황'을 나타내는 대명사와 같다.

베드로는 당연히 '물 위로 걸을 수 있을까, 없을까?'를 의심했다. 그런데 묵상하다 보니 그의 의심 내용은 예수님을 향한 믿음, 신뢰에 관한 것이었다. 베드로가 예수님을 대놓고 의심한 건 아니었지만, 그의 믿음, 예수님을 향한 신뢰에 문제가 생긴 거였고, 예수님은 그가 의심했다고 말씀하셨다.

이 '의심'은 우리가 흔히 쓰는 개념으로, 물건을 잃었는데 훔쳐 간 사람이 누군지 의심하는 게 아니다. 예수님을 의심하는 문

제이기 때문이다. 부모는 아이를 더 좋은 학교에 보내고 싶어 한
다. 그런데 잘되지 않으면 '예수님은 우리 아이가 좋은 학교에 가
는 걸 싫어하시나?' 하는 의문이 생긴다. 내게 중요한 문제에 대
해 예수님이 어떻게 생각하시는지, 내가 원하는 것을 아시고 나
를 도와주실 것인지에 대한 마음이다. 그러다 내가 원하는 대로
되지 않으면 더 이상 예수님과 상의할 마음이 사라진다. 신뢰와
기대가 없어진다. 예수님과의 친밀함과 그분을 의지하는 마음이
사라진다.

　목회자로서 이런 일을 자주 경험한다. 그래서 성도의 상태에
대해 정확하게 알지 못하지만, 상처받는다. 예수님을 향해 신뢰
가 사라지고 의심이 생기면 가까운 관계도 그렇게 대하게 된다.
그것은 갑작스러운 변화이기에 낯설고 힘들다.

　문제가 발생했을 때, 예수님을 향한 내 마음이 어떻게 변해가
는지, 나는 잘 몰라도 예수님은 분명히 느끼실 것이다. 믿음이 성
장하면 그렇게 변하는 내 마음이 예수님을 힘드시게 하고, 나도
힘들며, 상황을 믿음 없이 내 마음대로, 연약함대로 대하게 됨을
깨닫게 된다.

　그래서 문제가 발생했을 때 먼저 돌아봐야 하는 건, 상황에 영
향받은 내 마음이 예수님을 향해 어떻게 변하는지, 그렇게 변하
도록 상황이 내 마음의 어느 곳을 건드렸는지 살펴서 아는 것이

다. 그러면 문제에 영향받아 의심하며 스스로 예수님과 분리되었던 마음이 회복될 것이다.

아픈 마음을 예수님에게 고백하고, 도와달라고 기도할 수 있게 된다. 그때 작은 물줄기 같은 은혜가 임해 마음이 풀어진다. 응답의 시작이다. 믿음을 약하게 만드는 내용이 점점 사라지기 시작한다.

상황에 영향받은
마음의 내용들

마음의 내용들로 기도한다는 것

마음은 눈에 보이지 않아서 흔히 마음을 위해 기도하지 않는다. 그러면 '내 마음을 나도 모른 채' 허둥대며 기도할 수 있다. 상황에 대해 구체적으로 기도하기를 원한다면, 먼저 기도가 나오는 마음의 내용을 살펴야 한다.

급한 상황이 눈에 보이고, 내 마음은 상황이 주는 부담으로 무너져 있다면 믿음으로 기도하기가 어렵다. 보통 상황이 발생하면 '내가 무엇을 잘못했나?' 하는 자책이 일어난다. 또 자책에 걸맞은 과거의 잘못이 생각나기도 한다. 그러면 '그 죗값을 치르고 있다'라는 생각이 들기도 한다. 하지만 그런 자책은 회개와 다르고, 상황이 잘못된 것에 대한 자책인 경우가 많으므로 받아들이지 말아야 한다.

물론 과거의 문제로 회개가 필요하다면 회개해야 한다. 그런

반드시 응답받는 구체적인 기도

데 문제 상황에서 떠오르는 과거의 잘못으로 인한 자책은 하나님께서 나를 징계하시는 것처럼 느끼게 하므로 하나님께 나아가 도움을 구하는 걸 원천 봉쇄한다.

또한 결과에 대한 두려움도 다스릴 필요가 있다. 어려운 상황 앞에서 믿음으로 기도하기 위해 내면을 살피면서 점점 구체적인 기도로 나아가다가도 금방 마음이 무너지는 것은, 결과에 대한 두려움이 올라오기 때문이다. 잘되지 않을 것 같은 마음은 '기도해도 별 소용이 없다'라는 회의를 품게 한다. 이를 절대 받아들이지 말아야 한다.

아브라함이 이삭을 낳기 위해 할 수 있는 건 아무것도 없었다. 이삭은 전적으로 하나님 주권에 속한 영역이었다.

믿음은 내가 원하는 결과를 얻기 위한 게 아니다. 내 상황과 상관없이 예수님을 믿고 신뢰하는 것이다. 그러나 내가 절실히 원하는 결과만 생각하면, 원하는 대로 되지 않을 것 같을 때, 불안해서 기도할 수가 없다. 내가 어떻게 할 수 없는 결과를 고민하지 말고, 지금 할 수 있는 믿음을 지켜야 한다고 말하지만, 결과에 대한 두려움을 떨치기가 쉽지 않다.

그래도 나는 설득한다.

"결과에 영향을 많이 받으면 믿음이 약해지니, 일단 믿음을 지키고 기도하면서 상황을 감당해 나가야 합니다."

특히 자기 문제가 아니라 자녀의 문제로 기도하는 믿음의 사람들은, 결과가 좋지 않으면 연약한 자녀의 삶에 대해 걱정을 많이 한다. 하지만 자녀라 할지라도 내가 어떻게 할 수 있는 건 아니다. 일단 믿음의 사람이 믿음을 지켜야 좋은 결과를 위해 구체적으로 기도하며 나아갈 수 있다.

거절감과 실패감도 다루어야 한다. 그동안 신앙생활 하면서 문제가 있을 때마다 기도했지만, 기도한 대로 안 풀리고 상황이 더 어려워지기도 했다. 그때의 기억으로 '하나님께서 내 기도를 거절하셨다'라는 거절감이 들 수 있다. 그러나 기도가 응답되지 않은 것이 반드시 하나님의 거절인지 확인하기는 어렵다. 내 믿음이 그것 때문에 약해졌다면 하나님의 거절로 보긴 어렵다. 하나님은 우리를 시험하시지만, 우리의 믿음이 성장하도록 도우시는 분이기 때문이다.

물론 다윗이나 모세의 기도를 거절하신 때도 있었지만, 그때는 그들의 죄나 실수에 대해 당사자가 알 만한 명확한 메시지가 있었다. 어려운 상황에서 추측으로 거절감을 느끼면서 하나님을 향한 신뢰가 약해진다면, 그것은 다루고 정리해야 하는 문제다.

응답을 기다리는 고통과 빨리 해결되길 바라는 마음도 기도로써 다뤄야 한다. 기도하는 사람이 무장을 풀면 안 된다. 그러면 기다리는 시간이 길어질수록 깨끗하게 포기하고 싶어진다. 과거에 문제를 대하던 연약한 방식으로 처리하는 게 차라리 낫겠다고 생각하게 된다. 그리고 원하는 대로 빨리 문제가 해결되어 내가 원하는 삶을 살고 싶다는 생각이 기도를 멈추게 한다.

조금이라도 문제가 다시 복잡해지면 기도하기가 몹시 싫어진다. 그러니 하나님을 향해 어려움을 참는 것처럼 시간을 보내지 말고, 하나님과 동행하고 하나님께 피하는 법을 배우는 시간으로 삼아야 한다.

우리는 '기도로 문제를 다스리는 삶'보다 '문제가 없는 삶'을 원한다. 그래서 문제가 생기면 짜증을 겨우 참으면서 '언제 이 문제가 해결되나?' 하는 마음으로 시간을 보낸다. 그러지 말고, 단단히 마음을 무장하기 위해 기도하자.

전에는 성도와 함께 기도하며 문제와 싸우다가도 그가 마음이 어려워져서 "왜 이 문제가 생겼나요? 언제 좋아지나요? 좋아지기는 할까요?" 하는 태도를 보이면 마음이 매우 힘들었다.

'당신의 문제인데 이러면 도대체 누가 도울 수 있나요?'

나도 이런 마음이었다. 그러나 지금은 기다렸다가 차분하게 말해준다.

"그래도 그동안 기도하면서 두려움과 사람을 의식하는 마음을 떨쳐냈고, 믿음을 고민하는 단계까지 왔어요. 이 문제를 통해 예수님과 더 친밀해지고, 성장한 믿음에서 나오는 친밀한 기도가 분명 가능해질 거예요."

댓글

오랜만에 지금 쓰고 있는 '구체적인 기도'에 대한 내용으로 강의했다. 약 이십 분 안으로, 편집하면 십칠 분 정도의 짧은 강의를 해달라고 해서 아주 행복했다. 전에는 강의하러 갈 때마다 조금 눌리고 힘들었다. 그러나 이제는 행복하다. 사람들도 따뜻하게 환영해준다. 내가 그런 따뜻한 환영을 받을 만하다고 생각하지 않기에 더 위로받는다.

몇 년 만에 다시 강의했는데도 조회 수나 댓글들이 따뜻하다. 그러나 모든 댓글이 그런 건 아니다. "성경은 지혜를 구하라고 말씀하시는데 왜 아파트를 구하냐?"라는 댓글이 있었다. 이런 글은 당황스럽다. 많은 사람이 보는 공간에 이런 댓글이 달리면 많은 사람 앞에서 공격받는 것 같아서 마음이 힘들다. 그리고 누가 댓글을 달았는지 조금 걱정이 된다. 어느 개인의 단순한 댓글이 아닐까 봐. 무엇보다 따뜻하게 환영하는 분위기가 순간 얼어버린다는 생각이 든다.

더 이상 어떤 댓글도 달리지 않는다. 쉽게 대응할 수 없어서 고통스럽기도 하다. 문제가 확대될 것 같아 조심스럽다. 그래서 기도를 시작한다. 부담이 가득하지만, 마음이 평안해질 때까지 기도한다. 이 일을 통해 내 믿음을 약해지게 하려는 방해로부터 자유롭기를 기도한다. 방해가 물러갔다는 생각이 들 즈음부터 마음의 어려움을 위해 기도한다.

반드시 응답받는 구체적인 기도

그들이 주께 부르짖어 구원을 얻고 주께 의뢰하여 수치를 당하지 아
니하였나이다 시 22:5

하나님께 도와달라고 기도하니 공격받는 느낌에서 오는 부담
이 조금 가라앉는다. 내가 무언가를 잘못해서 또 문제가 생겼다
는 자책도 조금 가라앉는다. 그리고 댓글을 찬찬히 다시 본다.
다행히 댓글 자체에 뭐라고 대응하고픈 마음이 들지 않는다.
우선 내 믿음과 상황에 대해 구체적인 기도를 하고 싶다는 생각
이 든다. 전에는 문제에 대응하다가 문제를 키우거나 낙담해서
포기했었다.
그런 부담을 벗으니, 댓글의 내용도, 내가 강의한 내용도 선명
하게 보인다.
'아, 그런 내용이 아니었는데?'
나를 방어하기 위해 강의의 전체 문맥을 보라고 하는 게 아니
다. 나도 내 마음의 부담이 사라지자 찬찬히 보이기 시작했다. 댓
글의 내용과 내 강의 내용을 근거로 기도한다. 이제는 기도가 조
금 더 가볍다. 막연한 두려움에서 나오는 기도가 아니라 구체적
인 기도가 된다.
댓글 내용에 대한 자세한 설명이 강의 안에 있고, 그것이 댓글
내용과는 상관이 없다는 생각이 든다. 마침 기도 응답이 있다.
나는 '이 강의가 문제가 된 것인가?' 하는 두려움이 있었는데, 오

히려 많은 사람에게 구체적인 기도에 대해 보다 성경적이고 따뜻한 설명이 되었다는 응답이다. 그 마음을 붙잡고 더 기도한다.

너희 중에 누구든지 지혜가 부족하거든 모든 사람에게 후히 주시고 꾸짖지 아니하시는 하나님께 구하라 그리하면 주시리라 약 1:5

강의 본문 말씀이다. 강의에는 한 집사님의 내용을 예로 들었다. 빌라에 살다가 아파트로 가려고 계약했는데, 빌라가 나가지 않아서 고생하다가 마침내 나가서 아파트를 구할 수 있었다는 이야기로, 빌라가 나가기까지 집사님의 기도가 주된 내용이었다. 진실하게 예수님에게 나아가고, 가족들과 빌라 주인에게 따뜻하고 겸손하게 행동하고, 무엇보다 문제가 해결되지 않았어도 하나님 앞에서 믿음을 지켰다는 내용이다.

아파트를 구체적으로 구하자는 게 아니라, 이사하는 모든 과정에서 하나님께 진실하게 나아가 가족과 믿음으로 살 곳을 구하게 됐다는 내용이다.

두려움에서 벗어나니 댓글 내용과 내가 무엇을 강의했는지 파악이 돼서 안심했다. 마침 누군가 그 댓글 밑에 대댓글을 달았다. 아무 말 없이 세 번에 걸쳐서 강의 영상의 몇 분 몇 초를 적어 놓았다. 확인해보니, 아파트를 구체적으로 구하자는 게 아니라 하나님께 진실하게 나아가 믿음으로 삶 속에서 사역하도록 구체

반드시 응답받는 구체적인 기도

적으로 기도하자는 내용을 말한 부분의 시간 표시였다. 결국 이
전 댓글은 사라졌다.

누가 어떻게 지웠는지 알 수 없지만 내 마음은 이미 매우 평안
했다. 그리고 도움의 손길에 감사했다. 대댓글까지 달며 남의 일
에 나서기가 쉽지 않다. 게다가 방법도 정말 좋았다. 내가 진정
으로 하고 싶은 말을 세밀하게 짚어놓았다. 그렇게 대댓글을 달
려면 아마도 영상을 몇 번 돌려 보아야 했으리라.

하나님께 감사드렸다. 이런 막연하고 곤란한 상황이 올 때마
다 기도하며 방법을 찾아 대응하기로 다짐했다.

마음의 내용을 위해
기도하기

제자들의 질문

아픈 아이를 회복시켜달라는 아버지의 요청을 제자들은 해결하지 못했다. 예수님이 아이를 회복시키시고 나서 제자들은 예수님에게 왜 자신들은 못 했는지 물었다.

집에 들어가시매 제자들이 조용히 묻자오되 우리는 어찌하여 능히 그 귀신을 쫓아내지 못하였나이까 이르시되 기도 외에 다른 것으로는 이런 종류가 나갈 수 없느니라 하시니라 막 9:28,29

아이의 아버지가 제자들이 능히 하지 못했다고 말했을 때, 예수님은 믿음을 말씀하셨다.

대답하여 이르시되 믿음이 없는 세대여 내가 얼마나 너희와 함께 있

반드시 응답받는 구체적인 기도

으며 얼마나 너희에게 참으리요 그를 내게로 데려오라 하시매 막 9:19

예수님의 답변을 근거로 제자들의 질문을 다시 정의해보면, 이것일 것이다.

"우리의 믿음은 왜 아이를 회복시키지 못했습니까? 우리의 기도는 왜 아이를 회복시키지 못했습니까? 믿는 자에게는 모든 것이 가능하다고 하셨는데(막 9:23) 모든 것이 가능하신 예수님의 능력을 경험하려면 우리는 어떻게 해야 합니까?"

제자들의 믿음이 처한 상황과 기도를 돌아보자. 그들은 난처한 상황 가운데 있었다(막 9:14,15). 가장 난처한 건 영적으로 아픈 아이를 고치지 못한 거였다. 아마도 아이는 계속 힘들었을 테고, 아이 아버지는 아이를 고치지 못하는 제자들을 보면서 낙담했을 것이다. 간절한 만큼 낙담도 크지 않았을까 싶다.

그때 서기관들이 와서 제자들과 변론했다. 아이를 고치지 못한 것에 대한 변론이었으니, 제자들은 서기관들에게 공격받고 있었다. 더구나 많은 사람이 둘러싼 실로 어려운 상황이었다. 이렇게 어렵고 난처한 상황에 믿음을 위해 어떻게 기도해야 할까?

타는 듯한 마음을 위해 기도하기

기도는 고요하고, 차분하면 좋다. 그렇게 기도했을 때, 은혜가 있고 응답에 대한 확신이 있다면 더욱 좋다. 그러나 때로 그런 상황이 아니어도 기도해야 한다. 제자들처럼 난처한 상황에서 비난받고 있을 때도 기도해야 한다. 말로 해결하려 하면 믿음은 더욱 약해지고 인간적인 연약함이 나온다. 기도하면서 조금 시간이 지나면 차분해질 수 있다.

믿음이나 기도가 연약한 사람은 조금이라도 난처하거나 비난받는 상황이 생기면 아무 생각이 안 나고 기도가 중단된다. 그러나 마음이 혼란스럽고 괴로워도 계속 기도할 때 점점 강건해지고 차분해진다.

처음 기도는 무조건 도와달라는 기도일 것이다. 난처한 상황에서 믿음이 약해지고 기도도 잘 안 되는데 세밀한 기도가 나오질 않는다. 상황을 제대로 볼 수 없다. 일단 타는 듯한 고통스러운 마음을 위해 계속 도와달라고 기도해야 한다.

기도하면 상황에 쫓기는 마음이 조금씩 사라진다. 그러지 않고 타는 듯한 마음으로 해결책을 찾으면, 도와줄 사람을 찾다가 상처받고, 내 방법으로 해결하려다가 더욱 난처해지기도 한다.

기도하면 마음이 회복된다. 상황에 대한 대응을 잠시 멈추게 된다. 난처한 마음이 새롭게 되도록 기도하자. 혹시 내 난처함을 보고 주변 사람들이 비웃는 듯해도 신경 쓰지 말자. 조금 지나면 기도 응답이 있음을 믿자. 그 비웃던 사람들이 하나님께서 신실하게 도우시는 걸 보게 될 것이다.

기도하는 믿음의 사람은 자신을 방어하는 데 능한 사람이 아니라, 하나님의 도움을 받는 데 능한 사람이다.

더 깊은 친밀함, 진실함, 간절한 믿음으로

평상시에 기도가 예수님을 믿는 믿음 안에서 세밀하고 친밀하다면, 문제가 발생해도 금방 그분께 도움을 받을 수 있다. 그러나 대부분은 평소에 평범한 믿음 안에서 기도하며 살아간다. 그러나 문제가 발생하면 이런 기도는 힘을 발휘하지 못한다.

언제나 문제는 베드로의 바람처럼 우리의 믿음을 연약하게 만든다. 바람 속에서 기도하며 예수님의 도움을 받는 것은 바람도 없고, 풍랑도 없는 일상에서 기도하는 것과 마음과 태도가 다를 수밖에 없다. 그렇다고 급한 마음으로 문제만 들고 나가면 결과에 영향받아 믿음이 약해질 수 있으니, 급할수록 더욱 원칙을 지켜야 한다.

아마도 이때의 기도는 일상의 친밀함을 넘어 더욱 큰 간절함과 진실함으로 나아가게 한다. 어려운 상황을 지나면서 우리의 기도는 예수님을 더욱 찾게 되고, 그분을 향한 마음도 더욱 간절해지고 진실해진다.

재정에 여유가 있고 별 근심이 없을 때는 감사하며 살아간다. 그러나 재정이 어려워졌다고 마음이 갑자기 겸손해지지는 않는다. 불편한 마음부터 든다. 팍팍한 재정이 불편하고, 다시 기도하며 매달려야 하는 게 힘들게 느껴진다.

그러나 점점 재정이 마르기 시작하면 마음이 가난해진다. 삶을 돌아보게 되고, 문제를 해결하기 위한 방법을 간절히 찾게 된다. 일상에서 재정에 대한 태도, 근본적으로 재정을 주신 예수님을 향한 내 태도를 깊이 살펴보게 된다.

그러면 더 진실하고 간절한 고백으로 이어진다. 그동안 돌봐주신 것에 감사하며, 지금 상황에서 가능한 것들을 믿음 안에서 살피고, 계속 도움을 진심으로 구하게 된다.

그러다 보면 감추어진 하나님나라의 보배, 가치들을 깨닫고 알아간다. 마음이 재정보다 하나님나라의 은혜에 더욱 반응한다. 재정에 대해 별생각이 없다가, 조금 불편하다가, 점점 간절해지는 것이 믿음이 뿌리내리고 기도가 강건해지는 과정이다.

샘물 같은 응답

가뭄에도 마르지 않고, 겨울에도 얼지 않고 졸졸 흐르는 샘물 같은 예수님의 응답이 있다. 아이를 고치기를 원하시는 예수님의 마음, 아이 아버지의 믿음을 강건케 하시는 예수님의 뜻, 원수가 물러가고 하나님나라가 임하는 예수님의 통치하심을 본다.

서기관들의 변론, 아이와 아이 아버지의 상황, 호의적이지 않은 사람들이 둘러싸고 있는 건, 중요한 문제가 아니다. 겸손한 마음으로 예수님을 간절히 찾을 때, 샘물 같은 응답이 점점 풍성해진다.

먼저는 마음이 쉴 수 있다. 상황이 주는 어려운 마음만 있다가 살아계신 예수님의 마음이 부어지기 시작한다. 얼었던 마음이 녹고, 메말랐던 마음이 촉촉해진다. 그러면 그분을 향한 마음과 기대가 더욱 간절하고 진실해진다.

내가 원하는 대로 움직이고 요구했던 것을 자연스럽게 회개하게 된다. 예수님과 친밀하지 않고 상황에 매여있었을 때, 내가 요구하는 대로 움직이려 했던 것들이 문제였음을 생각하게 된다. 비로소 마음이 부드러워진다. 나만 생각하던 마음에서 주변을 살펴보게 된다.

아픈 아이가 회복되는 것도, 아이 아버지를 달래는 것도, 서기관들의 변론에 대응하는 것도, 둘러싸인 사람들에게 창피를 당하지 않고 아이의 회복을 보여주고 싶은 마음도 중요하다.

하지만 예수님과 함께하는 마음보다 중요한 건 없다. 그렇게 믿음으로 자신의 마음을 결정할 때, 상황에 영향받는 연약한 믿음이 아니라 어떤 상황에서도 그분을 신뢰하고 의지하는 강건한 믿음이 된다.

믿음의 분량

만약 제자들이 아픈 아이를 회복시키는 문제로 예수님의 마음을 느끼고, 믿음이 강건해져서 아이를 위해 기도했어도 신경 써야 할 것이 있다. 바로 '믿음의 분량'이다.

기도하고 마음이 회복되고 예수님의 뜻을 느꼈다고 해서, 스스로 무언가를 해결할 수 있을 것처럼 굴어서는 안 된다. 언제나 문제 해결은 예수님이 하신다. 우리는 믿음의 기도를 하는 것이다. 그분의 역사하심보다 앞서가서는 안 된다.

내가 문제를 해결할 수 있을 것 같은 마음이 들 때 믿음이 '예수님 중심'에서 '문제와 나' 중심으로 옮겨갈 염려가 있다. 그러나 예수님이 역사하실 때만 문제가 해결된다는 걸 기억해야 한다.

끝까지 예수님을 신뢰하고 의지하면서 상황을 조심스럽게 지나가야 한다. 그리고 예수님에게 영광 돌리며, 믿음 안에서 은혜를 누리는 사람들과 함께 기뻐해야 한다.

예수님이 가나의 혼인 잔치에서 물을 포도주로 바꾸셨을 때, 연회장은 몰랐지만, 물 떠온 하인들은 알았다.

연회장은 물로 된 포도주를 맛보고도 어디서 났는지 알지 못하되 물 떠온 하인들은 알더라 요 2:9

하인들이 안 것은 물이 변하여 포도주가 되었다는 것만이 아니

반드시 응답받는 구체적인 기도

었을 것이다. 그 표적을 행하신 분이 예수님이라는 걸 알았다. 그들이 예수님의 명령대로 했기 때문이다. 우리도 이 하인들처럼 언제나 예수님이 하셨음을 아는 게 중요하다. 예수님이 우리에게 은혜 베푸신 걸 알고, 그분이 얼마나 좋은 분인지 함께 누리며 기뻐해야 한다.

상황이 마음에 미치는
영향을 알 때

차분해질 필요가 있는 이유

어려운 상황 때문에 힘든 마음으로, 원하는 결과만을 위해 기도하지만 잘 안 될 것 같고, 실제로 잘 안 된 경험들이 기도를 흐지부지하게 만든다. 그러면 어려운 상황만 남아서 연약함으로 반응하게 되고, 그 기억은 상처로 남는다. 어려운 상황이 와도 기도로써 내면이 차분해지는 건, 이런 모든 과거의 경험을 새롭게 하는 일이다.

갑작스럽게 믿음이 생겨서 기도가 되고, 일이 잘되는 건 흔한 일이 아니다. 그러나 어려운 상황이 주는 낙담에서 벗어나는 건 당장 필요하고, 결과에 어떤 영향을 줄지 알 수 없지만 다시금 상황에 연약함이 아니라 믿음으로 반응하겠다는 겸손함을 준다.

어려운 상황 때문에 가족이 어려울 수 있지만 서로 사랑하면서 감당해 간다면, 힘들어도 그 시간을 통해 사랑이 더 깊어진다. 간혹 소수의 사람이 '상황이 어려워도 늘 사랑하는 사람'으로 태어나기도 하지만, 믿음이 있는 사람이라면 조금만 기도해도 이 정도의 도움을 간단하게 받을 수 있다. 기도하면 마음이 새로워지기 때문이다. 그 가치를 모를 수는 있어도, 그 경험을 모르는 사람이 있을까!

사실 누구나 하는 말이다. 당황스러운 상황이 생겨도 조급해서 더 실수하지 말고 차분하게 대응하라고. 믿는 사람들은 기도로써 성령께서 주시는 은혜로 마음을 새롭게 하고, 기도할 때 주시는 지혜를 받아서 문제에 대응해야 한다. 성경은 그렇게 하라고 말씀하신다(약 1:5). 기도하며 도움을 받기 위해 차분함, 가난한 마음, 겸손함을 준비해야 한다.

기도로 차분해진다는 의미

아내와 한 다큐멘터리를 보았다. 멕시코에서 좋은 대학을 나와 학교에서 영어를 가르치며 택시를 운전하는 사람이 타코 요리를 맛있게 만들었다. 그의 음식을 먹어본 사람이 "와, 정말 맛있다"라며 같이 타코 집을 열자고 웃으며 말했다. 그런데 답변이 웃프다.

가게를 열면 갱단이 돈을 가져가려고 괴롭혀서 할 수 없다고 했다. 갱단이 일상을 힘들게 만들기는 하겠지만, 아예 사업 자체를 하지 못한다는 쪽으로 결론이 나다니…. 평범한 사람들의 의식 속에 무언가를 결정하는 데 갱단이 결정적인 제약 사항으로 자리 잡고 있었다.

아내와 함께 보면서 자연스레 장모님 이야기가 나왔다. 장모님은 과일을 파셨다. 가끔 불량배들이 와서 돈도 내지 않고 과일을 가져갈 때가 있었다(지금은 현저히 줄었다).

그만큼 무언가 방해가 있는 삶과 없는 삶은 차이가 있다. 방해가 없으면, 누구나 실력만으로 작더라도 가게를 열고 자유롭게 돈도 벌고 생활할 수 있다. 시작도, 성공도 두렵지 않다. 그러나 방해는 그것을 시작조차 못 하게 한다.

우리 일상에도 원수의 방해가 있다. 하지만 성경이 가르쳐주시는 대로 방해를 기도로 제어하면 무슨 일이든 자유롭게 할 수 있고, 어려움도 예수님의 도움을 받아 더 성장하는 기회로 삼을 수 있다.

내가 너희에게 뱀과 전갈을 밟으며 원수의 모든 능력을 제어할 권능을 주었으니 너희를 해칠 자가 결코 없으리라 눅 10:19

자녀들은 혈과 육에 속하였으매 그도 또한 같은 모양으로 혈과 육을 함께 지니심은 죽음을 통하여 죽음의 세력을 잡은 자 곧 마귀를 멸하시며 또 죽기를 무서워하므로 한평생 매여 종노릇하는 모든 자들을

반드시 응답받는 구체적인 기도

놓아주려 하심이니 히 2:14,15

두려움의 종노릇에서 벗어나니 얼마나 자유로운가. 얼마나 좋은가. 기도로 차분해진다는 의미는 이런 자유롭고 편안한 상태에서 종이 아닌, 삶의 주체로서 무언가 해봐야겠다는 마음이 일어나는 것이다.

기도로 차분해지면 어려운 상황이 주는 두려움, 자책감, 원망, 실패감 같은 마음의 내용을 알게 된다. 기도하지 않으면 정직하게 내 마음을 알기 어렵다. 힘들어서 연약한 대로 반응한다. 물론 본인은 어려운 상황 때문에 어쩔 수 없다고 생각한다. 간혹 무리수를 두어, 더 어려워지기도 한다. 지혜가 없는 상황이 된다.

그러나 믿는 사람은 기도할 수 있다. 기도하며 자신이 무엇을 두려워하는지 정직하게 봄으로써 문제를 어떻게 대응하는지 성숙하게 살필 수 있다. 당연히 가까운 가족이나 사람들에게도 그런 마음으로 반응할 것이다. 자기 내면의 반응에 진실해지는 것은, 사람을 차분하게 만들어준다. 그리고 기도도 진실하고 차분해진다. 어떤 면에서 비로소 대화가 가능해진다.

자녀가 상황이 어렵다고 남을 탓하거나 원망하면, 부모가 받아주고 기다리기는 해도 서로 대화는 안 된다. 부모가 대신 해주거나 그럴 수 없는 상황이면 자녀의 삶이 어려워진다.

부모는 자녀가 힘든 것도 어렵지만, 힘든 상황에 관해 대화가 안 되는 게 더 어렵다. 하지만 이때 진실한 대화가 된다면 함께 의논할 수 있다. 그러면 기도가 된다.

기도로 마음이 차분해졌다는 것은 아직 문제가 해결되지 않았지만, 작은 응답들이 있다는 것이다. 가정의 모든 문제가 해결되지 않았어도, 더 이상 가족에게 신경 쓰지 않고 내가 하고 싶은 일을 하는 삶으로 나아갈 정도는 아닐지라도, 최소한 두려움은 없다. 서로에 대한 원망도 현저히 줄어 일상이 가능해진다. 예전과 같은 상황이 와도 곧 죽을 것 같은 상황으로는 가지 않는다. 이런 응답들이 많아진다.

아브라함이 아직 이삭을 받지 못했을 때, 그의 믿음은 점점 깊어졌고, 사라와 함께 믿음 안에서 살았으며, 가산도 늘어났다. 소유가 많아서 그의 조카 롯과 따로 살게 되었다.

그 땅이 그들이 동거하기에 넉넉하지 못하였으니 이는 그들의 소유가 많아서 동거할 수 없었음이니라 창 13:6

문제만 생기면 삶 전체가 흔들리며 쉽게 무너져 포기하는 경우가 있을 수 있다. 그러나 기도하며 차분한 삶으로 나아가면 쉽게 무너지지 않을 뿐 아니라 점점 응답이 많아진다. 일상의 안정감은 '아무 일도 없는 상태'라기보다는 '기도하며 크고 작은 문제에 응답을 받고 계속 살 힘을 얻어 쉽게 포기하거나 무너지지 않는 삶'이 되는 데 있다.

이렇듯 신앙이 성장하기 시작하면, 어려운 일이 생겨서 슬럼프가 와도 일정한 은혜의 삶을 유지할 수 있다. 원망하거나 도망가지 않으며 문제에 대한 자신의 반응에 진실한 삶, 작은 응답들이 있어서 계속 기도로 나아가는 강한 영적 체력을 가진 삶이 된다.

해결 방법을 찾아서

기도로써 차분해지면 비로소 구체적인 기도로 문제 해결 방법을 찾기 시작한다. 문제가 다가올 때 강력한 한 방은 '왜 생기지 말아야 할 문제가 생겼냐?'라는 질문을 하는 것이다. 우리는 흔히 문제를 풀어가는 내내 '하지 말아야 할 고생을 하고 있다'라는 마음에 시달리며, 빨리 정리할 방법이나 포기를 생각한다. 이는 사실상 문제의 실체에 접근도 못 한 것이다.

'생고생하고 있다'라는 마음으로는 신중하고 정성스럽게 문제 해결에 접근할 수 없다. 어쩌다 문제를 넘길 수는 있겠지만, 혹시 시험이라면 그 앞에서 우리는 이길 수 없다는 연약함을 노출한 게 된다. 결국 문제에서 파생된 여러 문제에 시달리다 연약함으로 끝난다.

그러나 기도로써 마음이 차분해지면, 그런 파생된 문제들이 정리되고, 단순하게 진짜 문제만 남는다. 그러면 시달림 없이 핵심 문제를 위해 간절하고 집중력 있게 기도하며 나갈 수 있다. 어려운 중에도 믿음으로 기도하며 문제에 대응하는 즐거움이 있다. 예전 같으면 힘들어서 들지 못하는 운동기구를 근력을 길러서 쉽게 들 수 있을 때와 같은 여유로움과 즐거움이 생긴다. 이는 내 몸을 마음대로 움직일 수 있는 경쾌함이다.

사실상 문제해결력은 그 근력에 있다. 늘 중도에 포기해서 문제만 남았었는데, 낙담하지 않고 남 탓하지 않으며 믿음으로 끝까지 나아가면 문제를 해결하시는 예수님을 만날 수 있다.

방법이 없는 것 같을 때, '예수님에게는 방법이 있을 것'이라고 믿고 움직이는 즐거움, 방법이 없는 것 같은 막막함이 나를 짜증나게 할 수 없다는 여유로움, 예전 같으면 시달리고 낙담했을 문제가 이제는 그렇지 않은 것에서 오는 기쁨을 누릴 수 있다.

더불어 문제가 잘 해결되지 않았을 때 오는 후폭풍에 대한 두려움에도 담담해진다. 고통스러운 결과가 닥쳤을 때 겪는 낭패스러움이 있다. 모두가 내게 조용히 책임을 묻는 것 같은 때 말이다. 뭐라고 딱히 변명하기도 쉽지 않다. 아무도 따지지 않기 때문이다. 사람들은 그냥 판단하고 부정적인 반응을 보인다. 정말 괴롭다.

하지만 그때도 담담할 수 있다. 기도로써 마음이 차분해지면 문제를 어떻게 풀어가야 할지 지혜를 얻을 수 있다. 차분함이 없다면 문제에 대응하지 못해 사람들의 판단으로 끝나고 만다.

그러나 기도하고 차분한 마음이 들면 아직 끝나지 않았음을 알게 된다. 설득이나 설명 없이도 얼마든지 상황과 사람들의 판단을 바꿀 수 있다고 생각한다. 진실이 이기기 때문이다. 상황에서 나오는 그럴듯한 해석, 주로 스스로 억울해하는 사람이 이기고, 책임을 맡았다가 인격의 손상을 입는 사람이 지는 것과 같은 익숙한 방식이 아니고 말이다.

모두가 더욱 진실하게 문제를 바라보고 생각할 수 있게 된다. 기도한 사람의 말이 통했다기보다는 예수님이 주시는 진실이 공동체에 임하는 것이다.

사실 서로 신뢰한다면, 어떤 일이 생기든 위로할 것이다. 하지만 일상에서조차 우리는 서로를 온전히 신뢰하지 못한다. 가족이라도 의견 차이에서 오는 거리감이 있기 마련이다. 그러다 문제가 발생하면, 그 신뢰의 틈이 벌어진다. 사소한 일에도 방어적으로 움직인다.

기도하고 담담하게 대응하라는 건 신뢰가 깨지고 자기 치부를 드러내기 부끄러워도 계속 정직하라는 게 아니다. 기도로 담담하게 나아가면 신뢰가 약해지고 서로 판단하는 분위기를 새롭게 할 수 있다는 거다. 문제가 없을 수는 없다. 그 문제를 어떻게 볼 것 인가가 중요하다. 문제가 생기면 위로할 수 있지만, 판단할 수도 있고, 방어하며 냉랭해질 수도 있다.

기도하고 차분해지면 문제의 결과가 우리를 어떻게 할 수 없 다는 담담함으로 문제를 대할 수 있다. 문제가 안 풀려도 거기서 생기는 분위기를 새롭게 할 수 있다는 믿음이 생긴다. 시간이 걸 리지만 기도로써 공동체의 분위기를 신뢰로 이끌어갈 수 있다는 담대함이 부어진다.

차분해진 마음으로
순서 정하기

가난한 마음

집 화장실 세면기에 물이 잘 안 내려갔다. 집주인과 관리사무소에 연락했다. 관리사무소 직원은 우리의 세면기 사용에 문제가 있다고 나무랐다. 뭐라 반박할 수 없었다. 실제로 그런 면이 있기 때문이었다. 그런데 막상 세면기를 뜯어보니 뭔가(머리카락 등)로 막혀있지 않았다. 그런데도 물이 잘 내려가지 않았다.

그 직원이 일하느라 양말이 젖어서 나는 그에게 새 양말을 주었다. 이전에도 뭔가를 부탁하게 되면 집에 있는 홍삼 스틱 한 곽씩을 선물하곤 했다.

화장실 바닥 하수구에서 물이 역류했다. 점점 무서웠다.

'왜 이렇게까지 마음이 힘들까?'

의아했다. 집이 안정감의 장소여서 그런 것 같았다. 항상 쉬는 편안한 장소인데 갑자기 문제가 생기니 더 이상 편안한 장소가 아니었다. 쉴 곳이 일해야 하는 곳으로 바뀐 느낌, 건강할 때는 별생각 없다가 몸이 아파 평안한 일상이 갑자기 깨지는 느낌과 비슷했다. 쉽게 고칠 수 없는 문제라서 더 그랬다. 내가 할 수 있는 집안일이라야 형광등을 가는 정도지, 하수구 역류를 어떻게 막을 수 있단 말인가. 아파트 1층이어서 이런 문제가 생기는 것 같았다.

'아, 또 이사해야 하나?'

그 직원이 또 뭐라고 내게 혼을 냈다. 우리 집이 무언가를 잘못했다고, 마침 지하 하수구가 막혔다고 했다. 우리 집이 가장 의심을 받았다. 음식물 쓰레기를 하수구로 버린 것 아니냐고. 그래서 아내와 나는 음식물 쓰레기 카드 사용 내역을 관리사무소 소장에게 보냈다. 그래도 별 소용이 없었다.

하수구는 냄새와 함께 수시로 역류했다. 가장 큰 두려움은 싱크대에서 '크르렁' 소리가 나는 것이었다. 정말 변기와 싱크대가 막혔으면 살 수 없었을 것이다.

관리사무소의 다른 직원이 왔을 때, 나는 목사여서 거짓말하지 않는다고 말했더니 그의 눈동자가 크게 움직였다. 교회에 다니는 사람 같았다. 그는 조금 친절한 어조로 말했다.

"그럼, 싱크대에 물을 많이 부어보고 지하 하수관을 보지요."

물을 한참 내렸지만, 지하 하수관과는 크게 상관이 없었다. 그는 "아마도 다른 관인 것 같다"라는 말만 남기고 떠났다.

반드시 응답받는 구체적인 기도

며칠 뒤 욕실 타일이 깨졌다. 이 모든 일이 순차적으로 일어났다. 샤워하는 곳 상단 부분 타일 두 장이 깨졌다. 집주인에게 알렸더니 관리사무소에 말해주겠다고 했다. 그런데 관리사무소에 갔더니 의외로 친절했다. 다른 집들은 벽 전체 타일이 깨진 집도 있다고 했다. 다행이었다.

집주인이 타일 수리하는 사람을 보내주었다. 깨진 부분을 정교하게 들어내고 새 타일을 붙였다. 일은 아주 간단하게 끝났다. 그런데 타일 주변 실리콘 작업은 주말에 와서 해주겠다고 했다. 그 말을 듣는 순간, 이유는 모르겠지만 '아, 이건 오래갈 것 같다'라는 생각이 들었다. 나이 들면 이게 문제다. 말이 곧이곧대로 들리지 않는다.

그런데 아니나 다를까 주말에도 오지 않았다. 전화하고 싶었지만 참았다. 집주인에게 연락하고 싶어도 참았다. 주말이 지나 주중에 연락했다. 그는 다시 그 주말에 오겠다고 했다. 그런데 아무래도 오지 않을 것 같았다. 역시 오지 않았다. 주말이 지나고 또 주중이 되어 조심스럽게 연락했다. 간단한 일로 반나절을 허비하면 아마도 일당에 문제가 있을 것 같다는 생각에 조심스럽게 말했다.

며칠째 샤워장을 사용하지 못하고 있다고 하니 그는 미안하다며(수선과 관련된 일을 하는 사람에게 진심으로 미안하다는 말을 듣기는 쉽지 않다) 주말에 다른 사람을 보내겠다고 했다. 그제야 일이 될 것 같은 생각이 들었다. 주말에 다른 사람이 왔고 오 분 정도 만에 일은 끝났다. 그러나 여기서 끝이 아니었다.

천정에서 소리가 나기 시작했다. 예전에는 화장실에서 물 떨어지는 소리가 나서 한동안 근심했다. 실제로 물이 떨어지지는 않는데 소리만 나는 거였다. 관리사무소에서는 실제로 물이 떨어지는 건 아니니 그냥 살라고 했다. 다행히 어느 순간 소리가 사라졌다.

그런데 이번에는 안방과 거실 중심으로 큰 소리가 났다. 그것도 종일 들렸다. 관리사무소 직원이 와서 듣고 갔다. 그는 이전에 하수구 건으로 찾아왔던 그 교회 다니는 직원이었다.

처음에 그는 냉장고 소리가 아니냐고 했다. 그러나 그간 내가 그와 정직하게 이야기해온 과정이 있어서인지 내 이야기를 그대로 믿어주었다. 분명 천정에서 소리가 나는 것을 같이 들었기 때문이었다. 지난번에 하수구가 우리 집 때문에 막혔다면 내가 비용을 내겠다고 정직하게 말했었다. 이런 일은 문제를 겪는 당사자가 문제를 떠안아야 하는, 책임 소재를 찾는 일이 되곤 한다.

그러나 나는 기도하며 그런 분위기를 어려워하지 않기로 했다. 그래도 잠들기 전 조용한 시간에 그 소리를 듣자니 조금 힘들었다. 소리가 나는 거실에서 아내와 이야기했다. 내가 가난한 마음으로 말했다.

반드시 응답받는 구체적인 기도

"여보, 내 생각에 이건 부르심의 문제야."

집 안에서 일어나는 일련의 문제들이 부르심에 해당한다는 이야기가 아니었다. 문제가 다가오는 형식이 고난과 비슷해서 하는 말이었다.

위대한 영적 선배들은 선교지와 복음 전도의 최전선에서 고난을 겪었는데, 왜 나는 하수구 역류와 천정에서 나는 소리로 고난받는 것일까?

고난 같은 이 현실에서 우리의 반응이 어때야 할지를 생각하며 기도했다. 단순히 주인이나 관리사무소 사람들과 문제 해결을 위해 분명하게 이야기하는 게 전부가 아니었다.

'이것이 고난이라면….'

아내도 진지하게 동의했다. 아내가 그동안 가장 힘들었을 텐데, 함께 반응을 잘하자고 이야기해주었다.

그렇게 시간이 조금 지나자 갑자기 소리가 사라졌다. 하수구도 크게 역류해서 관리사무소에 찾아갔더니 다른 집에서 하수구를 뚫어서 1층에 역류할 수 있다고 말했다. 결국 하수구도 잘 내려가게 되었다. 다시 편안한 일상으로 돌아왔다. 수개월의 시달림이 갑자기 사라졌다. 그동안 세면기 물을 내리기 위해 약품을 몇 박스는 사용한 것 같다.

뭔 일인가? 도대체!

일의 순서를 정한다는 것

기도하며 일의 순서를 정하는 건, 일에 대한 타임 테이블을 만드는 게 아니다. 기도 안에서 발생한 문제에 대응하는 과정을 세워가는 것이다.

아직 어떻게 결론이 날지, 그 과정을 어떻게 지나야 할지 잘 모르기에 타임 테이블 같은 계획이 의미 없을 때가 많다. 무엇보다 변수들이 많다. 방해가 어떻게 오며, 어디까지일지, 함께하는 사람들이 어떤 반응을 보일지 잘 모른다. 그런 것까지 아우르며 일을 해결하는 방향을 세워가야 한다.

먼저 일의 성격을 분별하는 것이 필요하다. 단순히 수선만 하면 되는지 아니면 조금 복잡한 일인지, 복잡하다면 어느 정도인지 파악할 필요가 있다. 우선은 일이 주는 부담을 정리해야 한다.

나는 조금의 훈련으로 수리할 문제들이 쏟아져도 주인과 잘 이야기해서 전세 기간 만료 전에 이사할 상황으로 만들지 않았다. 아직 일의 성격을 파악하지도 않았는데 그 부담으로 문제를 해결하려 덤비면, 집주인과 사이가 틀어지고 문제는 더욱 꼬여 행정 절차 안에 갇힐 수가 있다.

그렇다고 해서 이 일이 사역자로서 겪는 고난이기에 고난에 맞게 대응해야 하는지도 정확하지 않았다. 그래서 일단 조심스럽게 문제를 파악했다. 이 문제가 어디까지 갈 것인지, 우리는 어떤 마음으로 대응할 것인지.

어쨌든 세면기 막힘, 하수구 역류, 천정의 소음은 쉽게 해결될 문제가 아니었다. 그래서 일의 우선순위로 관계자들과 관계를 지키기로 했다. 집주인에게는 계속 성실하게 영상과 문자로 보고하면서도 부담을 주지 않기 위해 최선을 다했다. 빨리 고쳐달라는 식으로 연락하지 않았다.

관리사무소 직원과도 아주 친해진 건 아니지만 정직하게 의사소통했고, 뭔가를 지적할 때는 큰 틀에서 도움을 받아야 하기에 관계가 어려워지는 문제로 만들지 않았다. 타일 고치는 사람과 연락한 것과 같은 일들이 내내 지속되었다. 그러면서도 간절하게 문제 해결 방식에 대해 기도했다.

일의 진행 과정에서 상황을 알리고, 기다리고, 성실하게 돕기를 반복했다. 집주인과 일하는 사람들 사이에서는 내가 '목사님'으로 불리는 듯했다.

나는 마음이 복잡해지면, '이 일이 고난이라면 성실하게 믿음으로 대응해야 한다'라고 생각했다. 타일을 고칠 때처럼 일이 지체되고 불편할 때마다 어떻게 대응할지 기도했다.

분명 약속대로 일이 잘 안 될 것이고, 계속 불편할 것 같고, 심지어 그 불편이 언제까지 지속될지 몰라도 계속 기도 안에서 대응했다. 기도를 넘어서서 상황을 보고 문제를 해결하려고 덤비지 않았다.

일이 잘 해결되는 특징

기도로 차분해진 마음으로 대응하기를 일의 결과가 있을 때까지 지속해야 한다. 한 번 기도로 일을 잘 감당했다고 해서 항상 그런다는 보장이 없기 때문이다. 사람은 한계가 있고, 일이 매우 심각하면 문제에 휘말리기도 한다. 그래도 일에 대한 전반적인 대응력은 향상한다. 문제 속에서도 일상을 지켜갈 수 있다.

이렇게 노력하다 보면, 문제의 성격 파악과 대응이 일관성을 갖는다. 고난을 벗어버리기 위해 애쓰지 않고, 예수님을 의지하며 삶에 오는 고난을 받아들이고 해결하려는 차분한 마음을 지킬 수 있다. 자다가도 벌떡 일어날 것은 같은 부담이 있어도 기도로 대응하며 이겨낸다. 문제 해결에 집중하거나 다른 문제를 더 만들지 않는다. 삶에 일어난 불편함을 이상하게 여기지 않게 된다.

사랑하는 자들아 너희를 연단하려고 오는 불 시험을 이상한 일 당하는 것같이 이상히 여기지 말고 오히려 너희가 그리스도의 고난에 참여하는 것으로 즐거워하라 이는 그의 영광을 나타내실 때에 너희로 즐거워하고 기뻐하게 하려 함이라 벧전 4:12,13

이상하다는 생각이 들면, 상식 밖의 일로 내가 고통당한다고 생각하게 된다. 그러면 나를 힘들게 하는 사람은 다 이상한 사람이 돼버린다. 그리고 내가 힘들수록 점점 상황과 사람들을 이해

할 수 없고, 믿음이 약해진다.

　베드로전서 말씀처럼 즐거워하기까지는 어려울 수 있지만, 기도로 일의 대응 순서를 정한다면 이상하게 생각하지 않을 여유가 생길 것이다.

PART 3

영적 거인들의
구체적인 기도

어떤 문제든지 예수님에게 방법이 있다는 생각은
내가 지금 느끼는 현실의 한계 안에 갇히지 않게 해준다.
막막한 상황이 와도 '이것이 전부가 아니다'라는
생각의 문을 열어준다.
그러면 우리는 예수님에게 기도하면서
그분의 도움을 받을 가능성을
결과가 나올 때까지 부지런히 찾게 된다.
결과를 예측하며 실망하지 않는다.

다윗의 기도

위기 탈출

다윗은 사울에게 쫓겨 다니다 결국 블레셋 땅에 피하기로 한다(삼상 27:1). 다윗의 기대대로 사울은 다윗을 더 이상 추격하지 않았다. 블레셋과 사울이 전쟁할 때, 다윗은 블레셋 편에서 그와 함께하는 육백 명과 참전하려 했으나 블레셋 방백들은 이를 반대했다. 다윗이 블레셋 사람 골리앗을 죽였을 때, 사람들이 부르던 "사울이 죽인 자는 천천이요 다윗이 죽인 자는 만만이로다"라는 노래를 기억했기 때문이다.

문제는 다윗과 함께한 사람들이 자신들이 머물던 시글락으로 돌아왔을 때 일어났다. 아말렉 사람들이 성읍을 불태우고 가족을 다 데리고 간 것이다.

백성들이 자녀들 때문에 마음이 슬퍼서 다윗을 돌로 치자 하니 다윗이 크게 다급하였으나 그의 하나님 여호와를 힘입고 용기를 얻었더라(But David found strength in the LORD his God) 삼상 30:6

다윗이 다급할 때 하나님 안에서 용기를 얻었다고 한다. 돌로 치려는 사람들 때문에 그의 생명이 위급하기도 했지만, 그에 못지않게 사람들을 향한 어려움도 있었을 것 같다. 그들이 조금 전까지 다윗을 따르던 자들이었기 때문이다. 다윗은 자신에게 손해가 나면 언제든 그를 죽일 수 있는 사람들과 함께하고 있었다. 훗날 왕이 된다면 그들과 나라를 운영해야 했다. 다윗은 사람들의 깊은 마음에 무엇이 있는지 보았다.

그런데도 왕으로 부름 받은 자신의 부르심을 그들과 함께 이뤄가야 했다. 다윗이 생각하는 왕국의 모습이 어떤 것인지는 모르지만, 적어도 돌로 치려는 사람들과 함께 만들고 싶지는 않았을 것이다. 왜 이들과 함께 계속 부르심을 좇아야 하는지, 목숨 걸고 그 일을 해야 하는지, 의미를 찾기 어려웠을 것이다.

다윗은 생명도 지키고, 가족도 되찾고, 부르심의 의미도 알아야 했다. 사람들이 모든 게 끝났다고 생각한 만큼 다윗도 그 상황에서 크게 벗어나지 못했을 것이다. 다윗은 그런 상황에서 NIV 번역으로 보면, 하나님 안에서 강함을, 힘을 찾아냈다. 아직 문제는 해결되지 않았지만, 용기를 회복했다.

마음의 회복이 먼저

누군가가 적대적으로 자신을 대하는 일은 그의 삶 내내 있었다. 어려울 때 가장 가까이 있던 사람들도 그를 죽이려고 했다. 그런 일을 겪으면 용기를 잃기 쉽다. 모든 일이 의미가 없어진다. 평생 시달린 만큼 단련되기도 했겠지만, 다윗은 계속되는 상처로 마음이 힘들었을 것이다. 우리 같으면 상처가 깊어서, 비슷한 분위기만 연출돼도 연약한 반응을 하기 쉽다.

다윗이 어떻게 용기를 회복했는지 성경에 자세히 나와있지는 않지만, 그가 평소 잘하던 찬양과 기도로 회복하지 않았을까. 그의 별명은 "이스라엘의 노래 잘하는 자"로 수많은 시편의 기도와 노래가 그에 의해 쓰였다.

> 이는 다윗의 마지막 말이라 이새의 아들 다윗이 말함이여 높이 세워진 자, 야곱의 하나님께로부터 기름부음 받은 자, 이스라엘의 노래 잘하는 자가 말하노라 삼하 23:1

다윗처럼 우리도 기도를 통해 다급한 순간에 하나님 안에서 용기를 얻는 게 필요하다. 사람들이 죽이려 드는 순간에 마음이 급한데 문제 해결을 생각할 겨를이 없다. 먼저 마음이 힘과 용기를 얻어야 문제도 파악하고 해결책도 기도하며 찾아갈 수 있다. 그런 면에서 기도 응답은 먼저 '마음의 회복'이다. 우리는 문제 해결만 기도 응답이라고 생각하지만, 그전에 어려웠던 마음만 좋아져도 문제 자체가 전혀 다른 문제가 되는 경우가 많다. 작은 문제가 되거나 아예 문제가 되지 않는다. 그리고 무엇보다 문제를 해결할 마음이 든다.

은혜 안에서 마음이 회복되고 믿음이 강건해져 문제 해결을 위한 구체적인 기도를 더 성실하게 할 수 있다. 마음이 어렵고 두려워지는 게 영적 공격이기도 하기에 더더욱 기도가 아니면 해결되지 않는다.

앞서 베드로의 바람을 보고 무서워하는 마음은 믿음과 의심과 관계 있다고 했다. 그러니 마음이 회복되면 바람이 안 무서운 게 아니라 믿음이 강해져서 의심이 사라지는 것이다. 그것은 기도를 통해 하나님께서 주시는 은혜로만 가능하다.

기도 응답

다윗이 여호와께 묻자와 이르되 내가 이 군대를 추격하면 따라잡겠나이까 하니 여호와께서 그에게 대답하시되 그를 쫓아가라 네가 반드시 따라잡고 도로 찾으리라 삼상 30:8

다윗에게 응답하시는 하나님의 은혜가 놀랍다. 누구나 이런 응답을 받는 건 아니다. 또한 다윗만 특별히 응답받은 것도 아니다. 야고보서는 서로 기도할 것을 권면하면서 엘리야의 상황을 말씀한다.

> 엘리야는 우리와 성정이 같은 사람(human being)이로되 그가 비가 오지 않기를 간절히 기도한즉 삼 년 육 개월 동안 땅에 비가 오지 아니하고 다시 기도하니 하늘이 비를 주고 땅이 열매를 맺었느니라
> 약 5:17,18

하나님의 응답은 우리 뜻대로 할 수 있는 게 아니다. 하나님의 주권적인 결정이다. 그래서 기도 응답을 위해 우리가 할 일을 성경 말씀을 따라 찾아갈 필요가 있다.

> 네 귀를 지혜에 기울이며 네 마음을 명철에 두며 잠 2:2

> 은을 구하는 것같이 그것을 구하며 감추어진 보배를 찾는 것같이 그것을 찾으면 잠 2:4

잠언은 감추어진 보배를 찾는 것처럼 지혜를 구하라고 말씀한다. 야고보서 1장 5절에서도 지혜를 구하라고 하시며 후히 주겠다고 약속하셨다. 메시지성경은 이를 "무엇을 어떻게 해야 할지

모르겠거든, 아버지께 기도하십시오"라고 역동적인 번역을 했다. 하나님께서 주시는 지혜는 누구나 찾을 수 있는 흔한 게 아니다. 감추어진 보배를 찾는 것처럼 간절한 마음으로 찾아야 한다. 기도로 받는 지혜도 기도할수록 점점 구체적으로 분명해진다.

다윗은 기도 응답을 받고 함께한 육백 명과 가족을 찾으러 갔다. 중간에 어려운 일도 있고, 작은 감사도 있었다. 이백 명이 브솔 시에서 피곤하여 같이 가지 못했지만, 감사하게도 사흘을 굶어 정신을 잃은 아말렉 사람의 종이었던 애굽 소년을 만났다.

사실 이백 명이나 되는 사람이 같이 가지 않기로 한 것은 큰 문제였다. 나중에 승리하고 돌아올 때 사백 명이 그 이백 명을 내보내자고 하는 것만 봐도 상황을 짐작할 수 있다. 침략자 아말렉과 싸우러 가는데 다 같이 죽어라 싸워도 어찌 될지 몰랐다. 더군다나 시기가 좋지 않았다. 그런데 싸우기도 전에 이백 명이나 가지 않겠다고 하며 모두의 사기를 떨어뜨렸다.

다윗은 모든 걸 잃고 오직 기도 응답에 의지해서 싸우러 가는 중이었다. 그는 정말로 기도 응답에만 집중한 듯했다. 사람을 의지하지 않는 건 기도에 응답이 있고, 믿음이 강건할 때 가능하기 때문이다.

다윗의 호의로 정신을 차린 애굽 소년의 인도로 아말렉 사람들을 친 그는 완전한 승리를 거두고 돌아온다. 기도 응답은 점점

반드시 응답받는 구체적인 기도

분명해진다. 사람들의 반대를 넘고, 작은 기회를 만나면서.

기도로 문제 해결 방법을 찾아가는 것은 다윗에게서 볼 수 있듯이 극적인 면이 있다. 응답은 있으나 아직 결말을 알지 못하는 사람이 '믿음에 의지해서 앞으로 나아가는' 모습 말이다.

그들이 약탈하였던 것 곧 무리의 자녀들이나 빼앗겼던 것은 크고 작은 것을 막론하고 아무것도 잃은 것이 없이 모두 다윗이 도로 찾아왔고 다윗이 또 양 떼와 소 떼를 다 되찾았더니 무리가 그 가축들을 앞에 몰고 가며 이르되 이는 다윗의 전리품이라 하였더라 삼상 30:19,20

은혜의 원칙

승리하고 돌아온 사람들이 함께 가지 않은 이백 명에게 아무것도 주지 말고 가족들과 떠나게 하자고 말한다. 성경은 이런 주장을 한 자들이 악한 자와 불량배들이었다고 말씀한다.

이에 다윗은 이렇게 답변했다.

다윗이 이르되 나의 형제들아 여호와께서 우리를 보호하시고 우리를 치러 온 그 군대를 우리 손에 넘기셨은즉 그가 우리에게 주신 것을 너희가 이같이 못하리라 삼상 30:23

다윗은 확실하게 알았다. 승리를 주신 분이 누구신지, 당연히 전리품도 누구의 것인지 잘 알고 있었다. 사람의 공로가 아니라 하나님께서 주신 것을 사람이 악하게 마음대로 할 수 없다는 거였다. 그래서 모두가 동일하게 나누기로 결정했다.

그날부터 다윗이 이것으로 이스라엘의 율례와 규례를 삼았더니 오늘까지 이르니라 삼상 30:25

다윗의 기도 응답으로 시작된 승리가 모두의 승리가 되었고, 공동체 모두가 하나님의 응답을 경험했다. 더불어 하나님의 뜻 안에서 살아가는 원칙도 배웠다. 다윗이 왕이 되자 그것은 국가 운영의 원칙이 되었다.

한 사람의 기도가 응답되어서 모두가 하나님의 은혜를 경험하면, 공동체는 하나님께서 주시는 은혜로 풍성해진다. 그럴 때 사람들은 그 은혜의 풍성함에서 오는 원칙들을 존중하고 따른다.

다니엘의 기도

인생의 난제

느부갓네살 왕은 꿈을 꾸고, 그 꿈으로 인해 번민하여 잠을 이루지 못했다. 그래서 갈대아인들에게 꿈과 해석을 내놓으라고 명령했다. 그러지 않으면 죽이겠다고 했다.

왕이 갈대아인들에게 대답하여 이르되 내가 명령을 내렸나니 너희가 만일 꿈과 그 해석을 내게 알게 하지 아니하면 너희 몸을 쪼갤 것이며 너희의 집을 거름더미로 만들 것이요 단 2:5

사람들은 왕에게 꿈을 알려주면 해석하겠다고 했지만, 왕은 시간 끌지 말고 꿈과 그 해석을 내놓으라고 명령했다(단 2:8). 그것은 사람이 할 수 없는 일이었으므로, 결국 바벨론의 지혜자를 다 죽이라는 명령이 내려졌고, 다니엘과 그의 친구들도 죽게 되었다.

왕이 이로 말미암아 진노하고 통분하여 바벨론의 모든 지혜자들을
다 죽이라 명령하니라 왕의 명령이 내리매 지혜자들은 죽게 되었고
다니엘과 그의 친구들도 죽이려고 찾았더라 단 2:12,13

이처럼 갑작스럽고, 가혹하고, 방법이 없는 어려운 문제가 일
어날 때가 있다. 문제와 함께 낙담하는 마음이 들기에 차분하게
기도하며 대응할 엄두가 안 나는 게 사실이다. 만약 해결할 능력
안에 있는 문제라면, 해결할 것이다. 그러나 진짜 우리를 곤란하
게 하는 문제는 능력 밖에서 일어난다.

아브라함이 이삭을 낳는 문제처럼, 그것은 믿음의 문제지 아이
를 낳는 사람의 능력과 방법의 문제가 아니다. 성경은 우리에게
아브라함과 사라가 어떻게 아이를 낳았는지에 대한 방법이 아니
라 아브라함의 믿음을 말씀한다.

일상을 깨트리는 문제로 인해 갑작스러움과 가혹함에 시달릴
수 있다. 방법이 없어 막막함에 좌절할 수 있다. 문제와 문제가
주는 부정적인 감정이 전부가 아니라는 걸 알기까지 시간이 걸린
다. 지금 막막해도 믿음 안에서 문제를 풀어갈 수 있다는 생각의
전환이 익숙해지기까지. 애써 긍정적인 말을 해봐도 하나 마나
한 소리, 문제에 아무 도움이 되지 않는다고 생각한다.

다니엘과 친구들에게도 그런 문제가 일어났다. 다니엘이 어떻

게 대응했는지 성경을 살펴봄으로써 우리도 알고 경험했을 법한, 인생의 난제가 주는 고통을 풀어가는 방법을 배울 수 있다.

근위대장 아리옥을 어떻게 대할 것인가?

그때에 왕의 근위대장 아리옥이 바벨론 지혜자들을 죽이러 나가매 다니엘이 명철하고 슬기로운 말로 왕의 근위대장 아리옥에게 물어 이르되 왕의 명령이 어찌 그리 급하냐 하니 아리옥이 그 일을 다니엘에게 알리매 다니엘이 들어가서 왕께 구하기를 시간을 주시면 왕에게 그 해석을 알려드리리이다 하니라 단 2:14-16

왕의 명령은 급하고 가혹했다. 만일 왕의 명령이 지체된다면 아리옥도 책임을 벗어날 수 없었다. 우리가 문제를 만나면 주변 사람들이 불쌍히 여겨줄 것 같지만, 보통은 자신에게 불똥 튀지 않게 하려고 저 멀리 도망친다. 되도록 문제에 휘말리지 않고, 얼른 할 일만 하고 벗어나고 싶어 한다. 그런 일에 연루된 것만으로도 곤혹스러워하는 게 일반적이다.

그렇게 도망치는 사람을 붙잡아서 살아날 방법을 모색하자니 정말 어렵다. 아리옥에게 살려달라고 하면 일은 더 어려워진다. 그와 싸우면 문제는 거기서 끝난다. 그러니 그에게 최대한 부담을 주지 말아야 한다.

다니엘은 아리옥을 설득했다. 하나님을 신뢰함으로써 상황과 사람에 대응하지 않고, 하나님께서 주시는 명철과 슬기로운 말로 상황을 변화시켰다. 급하고 가혹해도 살 방법을 찾기 위해 사람을 찾는 게 아니라, 하나님을 의지했다. 그렇게 기도로 마음을 정하면 아리옥이 할 수 없는 일을 그에게 요구하지 않게 된다. 사람을 만나지만 그를 의지하거나 그에게 부담 주지 않고, 하나님을 의지하여 은혜로 사람의 도움을 받을 수 있다.

물론 일상의 상황에서 아리옥 같은 사람을 만났을 때 그가 어떤 태도를 보일지는 알 수 없다. 간혹 일이 잘 안 될 수도 있다. 그래도 믿음이 살아있는 한, 상황이 끝난 게 아님을 알아야 한다. 당장 일이 안 되어도 소망은 끊어지지 않는다. 하나님께서 끝났다고 해야 끝난다. 일이 되고 안 되고는 '상황'이 결정하는 게 아니라 '믿음'이 결정한다.

다행히 아리옥은 두 가지 일을 다니엘에게 해주었다. 상황을 알려주고, 명령 집행을 늦춤으로써 왕을 만나게 해주었다. 다니엘은 왕을 만나서 시간을 주면 꿈과 해석을 알려주겠다고 약속한다. 믿음으로 문제를 풀어가는 일은 이와 비슷하다.

당장 문제가 다 해결되지 않아도 계속 믿음으로 문제의 해법을 찾아가는 것이다. 그것은 하나님의 등에 업혀서 벼랑길을 지나가는 것과 비슷한 느낌이 아닐까! 어떻게 지나왔는지 잘 모르지만, 순간순간 의지하면서 조심스럽게 지나가는 것이다.

다니엘은 하나님을 신뢰했지만 아직 꿈의 내용과 해석을 몰랐다. 그래도 그는 믿음으로 일을 이끌어갔다. 일단 시간을 벌면서 위기를 모면하려는 의도였다면, 이미 보았듯이 느부갓네살 왕에게 허락받지 못했을 것이다.

다니엘과 친구들의 기도

이에 다니엘이 자기 집으로 돌아가서 그 친구 하나냐와 미사엘과 아사랴에게 그 일을 알리고 하늘에 계신 하나님이 이 은밀한 일에 대하여 불쌍히 여기사 다니엘과 친구들이 바벨론의 다른 지혜자들과 함께 죽임을 당하지 않게 하시기를 그들로 하여금 구하게 하니라

단 2:17,18

기도 내용은 하나님께서 이 일에 대해 다니엘과 친구들을 불쌍히 여겨달라는 거였다. 예수님도 십이 년 동안 아팠던 사람이 그분의 옷자락을 잡고 병이 나았을 때, 이를 '믿음'이라고 하셨다. 삶의 문제에 시달린 사람이 자기를 불쌍히 여겨달라고 예수님에게 간절히 매달리는 걸 믿음이라고 말씀하셨다.

기도의 절정은 모든 걸 아시는 하나님 아버지께서 나를 불쌍히 여겨주시는 은혜를 받는 시간이다.

'아, 나를 아시고 이해하시며 불쌍히 여기시는구나' 하는 마음이 들면 상황이 어떻든 좋으신 하나님을 의지해야겠다는 생각이 확고해진다.

이미 죽이라는 왕의 명령이 내려졌을 때, 다니엘은 '기도하면서' 명령을 집행하러 온 아리옥을 설득했고, 왕에게 목숨을 걸고 약속했다. 다급한 마음, 두려운 마음, 억울한 마음을 다 이겨내고 불쌍히 여겨주시는 하나님 아버지의 마음을 받아 문제 해결을 위한 응답받는 기도를 한 것이다.

나의 조상들의 하나님이여 주께서 이제 내게 지혜와 능력을 주시고 우리가 주께 구한 것을 내게 알게 하셨사오니 내가 주께 감사하고 주를 찬양하나이다 곧 주께서 왕의 그 일을 내게 보이셨나이다 하니라

단 2:23

다니엘은 기도를 통해 고백하고 있다.

"주께서 내게 지혜와 능력을 주시고 우리가 주께 구한 것을 내게 알게 하셨다."

기도하면 정말로 알게 된다. 지혜와 능력, 문제 해결 방법을 사람이 아니라 하나님께서 주신 것임을 깊이 깨닫는다. 그래서 문

반드시 응답받는 구체적인 기도

제가 올 때마다 하나님께 지혜를 받으러 간다.

일상의 사소한 문제들 속에서도 되도록 기도하고, 마음을 받지 않으면 쉽게 움직이지 않게 된다. 보통은 상황이 뜻대로 되지 않으면 불안하지만, 기도하고 응답받는 삶을 살면 하나님께서 주시는 뜻이 명쾌하지 않을 때 불안하다.

다니엘의 기도를 보며 생각하는 것

다니엘은 급하고 가혹한 결정 앞에서 신중하게 움직였다. 그것은 상황이 급하다고 해서, 그대로 무너지거나 섣불리 내 느낌대로 대응하지 않는 것이다. 아직은 모르지만, 하나님께 방법이 있으므로 그것을 받을 때까지 '상황의 시간'을 '믿음의 시간'으로 옮겨가는 것이다.

상황이 주는 두려움이 내내 괴롭히지만, 하나님을 신뢰하는 마음으로 그것을 감당한다. 이는 하나님을 의지하는 마음, 불쌍히 여김을 받아서 겸손해지는 마음, 응답을 위해 죽지 않게 해달라고 간절히 구하는 마음이다.

구체적이고 선명한 응답을 받을 때까지 기도를 계속한다. 처음에는 가망이 없는 일이지만 기도하며 나아갈 때, 점점 대응할 수 있는 일이 된다. 왕이 죽이라는 명령을 내린 때와 다니엘이 문제를 해결하고 높은 관직에 오르기까지 물리적인 시간이 얼마나 걸렸는지는 알기 어렵다. 그러나 시간과 상관없이 어려운 상황이 해결되고 그가 상을 받기까지의 변화 과정은 선명하다. 믿음으로 기도하면 상황을 바꿔나갈 수 있음을 생각하게 된다.

결론은 믿음의 기도가 상황을 결정한다는 거다. 아니, 믿음의 기도에 응답하시는 하나님께서 상황을 결정하신다! 그분이 결정하시기까지 우리는 믿음으로 기도하고 응답받을 수 있다. 기도하는 한, 상황이 흘러가는 대로 결정되지는 않을 것임을 알고 또 믿게 된다.

반드시 응답받는 구체적인 기도

모세의 기도와 사역

선명한 믿음을 따라

믿음으로 모세는 장성하여 바로의 공주의 아들이라 칭함 받기를 거절하고 도리어 하나님의 백성과 함께 고난받기를 잠시 죄악의 낙을 누리는 것보다 더 좋아하고 그리스도를 위하여 받는 수모를 애굽의 모든 보화보다 더 큰 재물로 여겼으니 이는 상 주심을 바라봄이라

히 11:24-26

성경은 모세가 어떤 사람인지 선명하게 설명한다. 그는 바로의 공주의 아들로서 권력과 부를 누리는 삶보다 이스라엘 백성과 함께 고난받기를 선택했다. 인생의 낙, 성경은 그것을 "죄악의 낙"으로 표현하는데, 모세는 그런 즐거움보다 그리스도를 위해 받는 수모와 고난받기를 더 좋아했다고 말씀한다. 무엇보다 그런

모든 결정이 믿음이었다고, 상 주심을 바라보는 영원한 나라를 위한 삶이었다고 말씀한다. 모세는 선명한 믿음을 따라 모든 사람이 좋아하는 보화보다 더 가치 있는 고난을 선택할 줄 아는 사람이었다. 그의 믿음만큼 삶의 가치, 선택 그리고 이스라엘 백성을 향한 사명도 선명했다.

> 모세가 애굽 사람의 모든 지혜를 배워 그의 말과 하는 일들이 능하더라 나이가 사십이 되매 그 형제 이스라엘 자손을 돌볼 생각이 나더니 한 사람이 원통한 일 당함을 보고 보호하여 압제받는 자를 위하여 원수를 갚아 애굽 사람을 쳐 죽이니라 행 7:22-24

모든 지혜를 배워 말과 하는 일이 능했던 마흔의 모세는 이스라엘 백성을 돌봐야겠다고 생각했다. 그 방식은 원통한 일 당한 동포를 대신해 원수를 갚는 일이었다.

> 모세가 장성한 후에 한번은 자기 형제들에게 나가서 그들이 고되게 노동하는 것을 보더니 어떤 애굽 사람이 한 히브리 사람 곧 자기 형제를 치는 것을 본지라 출 2:11

모세는 자기 형제들이 애굽에서 고되게 노동하는 현실에 고통을 느꼈다. 그런 모세의 눈에 애굽 사람이 자기 형제를 치는 게 보였다. 그는 주저함 없이 애굽 사람을 죽였다. 모세는 이렇게 생각했다.

그는 그의 형제들이 하나님께서 자기의 손을 통하여 구원해주시는 것을 깨달으리라고 생각하였으나 그들이 깨닫지 못하였더라 행 7:25

모세의 믿음과 결단은 선명했으나 보다 본질적인 부르심은 아직 구체적이지 않았다. 무엇을 위해 부름을 받았고, 무엇을 해결해야 하는지, 한마디로 모세의 사명에 따른 사역 내용이 무언지 선명하지 않았다.

이튿날 다시 나가니 두 히브리 사람이 서로 싸우는지라 그 잘못한 사람에게 이르되 네가 어찌하여 동포를 치느냐 하매 그가 이르되 누가 너를 우리를 다스리는 자와 재판관으로 삼았느냐 네가 애굽 사람을 죽인 것처럼 나도 죽이려느냐 모세가 두려워하여 이르되 일이 탄로되었도다 출 2:13,14

사도행전의 설명은 조금 더 구체적이다. "그 동무를 해치는 사람이 모세를 밀어뜨려"(행 7:27a), "모세가 이 말 때문에 도주하여 미디안 땅에서 나그네 되어"(행 7:29a). 한 히브리 사람이 모세를 밀어뜨리면서 "네가 애굽 사람을 죽인 것처럼 나도 죽이려느냐"

라고 한 말 때문에 모세는 미디안 광야로 도주한다.

애굽 사람을 죽인 것이 탄로 난 게 확실했다. 그런데 보다 더 깊은 곳에는 모세를 향한 거절이 있었다. 그의 행동의 정당성이 모조리 부정당하는 상황에서 히브리 사람들을 위한 희생과 결단이 의미가 없었다.

바로가 이 일을 듣고 모세를 죽이고자 하여 찾는지라 모세가 바로의 낯을 피하여 미디안 땅에 머물며 하루는 우물 곁에 앉았더라 출 2:15

미디안 광야에서 모세를 힘들게 한 건 무엇이었는가? 애굽의 바로에게 당하는 고난은 당연히 각오한 일이었을 것이다. 문제는 모세를 거절한 동포, 자기 형제 히브리 사람의 말이었다.

그들의 말이 누가 너를 관리와 재판장으로 세웠느냐 하며 거절하던 그 모세를 하나님은 가시나무 떨기 가운데서 보이던 천사의 손으로 관리와 속량하는 자로서 보내셨으니 행 7:35

히브리 사람들이 거절하던 그 모세를 하나님은 관리와 속량자로 보내셨다. 쉬운성경은 "지도자"와 "해방자"로 보내셨다고 번역한다. 모세는 이미 히브리 사람들이 자신을 어떻게 대할지 알고 있었던 것 같다. 그는 부르시는 하나님께 이렇게 답변했다.

모세가 대답하여 이르되 그러나 그들이 나를 믿지 아니하며 내 말을 듣지 아니하고 이르기를 여호와께서 네게 나타나지 아니하셨다 하리이다 출 4:1

모세가 겪은 사역적 도전은 처음부터 히브리 사람들의 거절이었다. 모세는 믿음이 확고했으나 히브리 사람들은 그를 거절했다. 모세는 그것을 이겨내는 데 많은 시간을 들였으나 하나님의 부르심 앞에서 주저한 이유는 여전히 그 거절감 때문이었다.

그가 부르심을 따라 이스라엘 백성을 섬기기로, 사역하기로 한다면 아마도 이 문제와 계속 싸워야 할 것이다. 실제로 그의 사역의 중요한 순간에도 거절감에 대한 반응은 중요한 문제였다.

모세와 아론이 회중을 그 반석 앞에 모으고 모세가 그들에게 이르되 반역한 너희여 들으라 우리가 너희를 위하여 이 반석에서 물을 내랴 하고 모세가 그의 손을 들어 그의 지팡이로 반석을 두 번 치니 물이 많이 솟아 나오므로 회중과 그들의 짐승이 마시니라 여호와께서 모세와 아론에게 이르시되 너희가 나를 믿지 아니하고 이스라엘 자손의 목전에서 내 거룩함을 나타내지 아니한 고로 너희는 이 회중을 내가 그들에게 준 땅으로 인도하여 들이지 못하리라 하시니라 이스라엘 자손이 여호와와 다투었으므로 이를 므리바 물이라 하니라 여호와께서 그들 중에서 그 거룩함을 나타내셨더라 민 20:10-13

대한성서공회에서 펴낸 《관주·해설 성경전서》(독일성서공회 해설)는 이 말씀을 이렇게 주석하고 있다.

본문에서 모세와 아론은 하나님에게 심한 질책을 받고 있지만, 그들이 저지른 잘못이 무엇인지 제대로 알 수 없다. 이들은 반석을 치는 대신 반석에게 말(명령)만 해야 했던가(8절)? 아니면 하나님이 반역한 자들에게도 자신의 약속을 실행하시리라는 것을 이들이 의심했던가(10절)? 아니면 이들이 심지어 자기들 스스로의 힘으로 물이 나오게 할 수 있으리라는 인상을 주었던가(10절의 "우리가")? 어쨌든 모세와 아론은 하나님께 영광을 돌리지 못했다.

하나님은 중요한 말씀을 하신다. "너희가 나를 믿지 아니하고 내 거룩함을 나타내지 아니한 고로." 모세는 원망하고 반역하는 이스라엘 사람들 앞에서 하나님을 믿고, 하나님의 거룩함을 나타내야 했다. 그러나 모세와 같이 훌륭한 지도자도 그 오래된 거절감 앞에서는 믿음이 연약해졌다. 그 내용을 정확하게 알기 어렵지만, 모세는 연약해진 믿음으로 거룩함을 잃어버린 모습을 보였다.

선명한 부르심과 사역 내용
이스라엘 백성들이 출애굽 하는 일에 부름을 받은 모세는 하

반드시 응답받는 구체적인 기도

나님의 역사하심 가운데 놀랍게 그 일을 성취했다. 문제는 그다음부터였다.

모세는 광야에서 반역하고 거절하는 이스라엘 백성들이 하나님나라의 신실한 백성이 되도록 섬기는 사역을 해야 했다. 이것이야말로 모세의 진정한 부르심이라고 할 수 있다. 그가 진정 믿음으로 감당해야 했던 일이 무엇인지, 광야에서 고기와 물 같은 먹는 문제로 원망하는 사람들을 섬기면서 보다 선명하게 드러났다.

모세는 광야 시간 내내 이런 상황을 맞을 때, 하나님 앞에 엎드려 하나님의 역사하심을 기다렸다. 그때마다 하나님은 모세를 위해 일을 행하시고 이스라엘 백성을 이끌어가셨다. 모세는 거절당하는 일들 가운데서 하나님께 믿음을 보였고, 하나님은 그 믿음을 보고 역사하셨다.

여호와께서 모세에게 말씀하여 이르시되 내가 이스라엘 자손의 원망함을 들었노라 그들에게 말하여 이르기를 너희가 해 질 때에는 고기를 먹고 아침에는 떡으로 배부르리니 내가 여호와 너희의 하나님인 줄 알리라 하라 하시니라 출 16:11,12

믿음의 기도

믿음으로 결정하고 헌신했다고 이후 모든 일이 잘되는 건 아니다. 그건 마치 모세가 바로의 공주의 아들이라 칭함 받기를 거절하고 본격적으로 이스라엘 백성들의 문제로 들어가는 것과 비슷하다. 공주의 아들이라 칭함 받는 것과 인생의 낙 누리기를 거절하고 고난받기를 선택했다고 해도, 본격적인 고난과 시험은 이제 시작이었다.

애굽의 바로와 싸우는 일은 오히려 쉬웠다. 반면에 이스라엘 백성의 원망과 싸우는 일은 정말 힘들었고, 사역하는 내내 지속되는 문제였다.

모세는 이스라엘 백성이 원망할 때마다 하나님의 임재와 역사하심을 기도하며 기다렸다. 아마도 원망에 반응하려는 자신을 위한 기도도 하지 않았을까. 그러나 그의 사역 중요한 순간에 이스라엘의 원망에 대해 믿음과 거룩함을 드러내지 않은 것을 하나님께 책망받았다.

하나님께서는 아마도 이스라엘 백성의 원망보다 모세의 믿음과 거룩한 반응이 더 중요하셨던 것 같다. 믿음과 거룩함으로 반응하기 위한 기도는 사역하는 내내 지속해야 한다.

세밀한 계획

부르심과 사역 내용이 점점 분명해지고, 믿음으로 기도하면서 사역을 감당할 때, 최종 그림은 알 수 없으나 일이 어떻게 진행될지 짐작할 수는 있다. 그것은 단순한 짐작이 아니다. 그동안 많은 사역을 통해 상황은 다양해도 '믿음으로 기도하며 사역하고 응답받는다'라는 원칙에 입각한 것이다. 그렇게 사역의 흐름을 파악할 수 있다면, 세밀한 부분도 점검해야 한다.

사역을 위해 기도할 때 해결이 안 되었거나 막혀있는 일이 있다면, 기도와 소통과 사역을 통해 왜 막혀있는지를 미리 명확하게 알아야 한다. 일의 진행은 약속이 되어있지만, 일의 과정과 그 과정이 결과에 미치는 영향이 부담되고 신경 쓰인다면, 기도하며 구체적으로 행동해야 한다.

미리 명확하게 하지 않으면, 나중에 반드시 문제가 되고 믿음이 아니라 연약함으로 반응할 수 있기 때문이다. 아무리 기도하고 준비해도 사람의 연약함을 어찌할 수 없는 경우가 있다. 고난이 오면 받아들여야 하는 때도 있다. 그래도 사역하는 동안, 미리 기도하고 명확하게 해놓으면 많은 경우에 자연스럽게 열매로 감당하기도 한다.

바울의 기도 멘토링

바울의 기도

밤낮으로 여러분을 위하여 온 맘을 다해 하나님께 기도하고 있습니다. 여러분을 하루빨리 다시 만나 여러분의 믿음을 더 강건하게 세워 줄 수 있게 되기를 기도합니다. 살전 3:10 쉬운성경

바울은 고난 중에 있는 데살로니가 교회 성도의 믿음이 더 강건해지도록 기도한다. 하루라도 빨리 만나서 믿음이 강건해지도록 돕기 위해 기도하고 있다고 한다. 그는 데살로니가 교회 성도의 믿음 상태가 궁금했다.

사실 목회하다 보면 성도의 믿음 상태를 걱정하게 된다. 걱정한다고 해서 뚜렷한 방법이 있는 건 아니지만, 마음속에 늘 깊은 한탄이 있다.

'누구 하나라도 고난 중에 믿음을 지키는 사람이 있을까!'

바울은 데살로니가 교회 성도를 사랑한다. 그래서 걱정하며 돕고 싶어 한다. 그런데 내 마음에는 한탄이 있다. 성도들에게 무슨 일이라도 생기면 바로 믿음이 연약해질 것이고, 불평하기 시작할 거라는 낙담이다.

가끔 한 사람이 믿음이 성장해서 자기 삶의 고난 가운데 믿음의 선한 싸움을 할 때가 있다. 그것을 지켜보면 정말 반갑고 행복하다. 그러나 대부분은 원망하고 이상해져서 금방 무슨 일이라도 저지를 것처럼 공격적으로 변한다. 그래도 바울처럼 믿음의 상태에 대해 성도와 이야기할 수 있어서 감사하고 다행스럽게 생각한다. 성도들은 비록 고난이 올 때 믿음으로 잘 감당하진 못해도 자신의 문제를 믿음으로 감당해야 한다는 사실은 알고 있다. 그리고 함께 성장하는 믿음에 대해 말할 수 있다.

우리가 당장 가볼 수는 없으나 그냥 기다리기에는 너무 힘이 들었습니다. 그래서 우리는 아테네에 있고, 디모데를 여러분에게 보내기로 결정했습니다. 살전 3:1,2a 쉬운성경

그래서 더 이상 불안해하며 기다릴 수 없어 디모데를 여러분에게 보내 여러분의 믿음의 상태를 알아보았습니다. 그것은 혹시 사탄의 유혹에 넘어가 우리가 한 수고를 헛되게 만들지는 않았는지 걱정되었

기 때문입니다. 살전 3:5 쉬운성경

바울은 디모데에 대해 이렇게 말한다.

형제 디모데는 우리를 도와 그리스도의 복음을 전하며, 하나님을 위해 우리와 함께 일하고 있습니다. 그가 여러분을 굳세게 하고, 믿음 안에서 여러분을 위로해줄 것입니다 살전 3:2b 쉬운성경

바울에 의하면 디모데가 데살로니가 교회 성도의 믿음 상태를 점검하고 도와줄 수 있으며, 그런 내용을 바울에게 전달할 수 있는 사람이었다. 물론 디모데는 사탄의 유혹으로 믿음이 약해지는 걸 막고, 사역의 수고가 헛되지 않도록 지킬 수 있는 능숙한 자였다.

그러나 방금 디모데가 돌아와 여러분의 믿음과 사랑에 대한 기쁜 소식을 전해주었습니다. 디모데는 여러분이 언제나 우리를 좋게 생각하여, 우리가 여러분을 보고 싶어 하는 만큼이나 여러분도 우리를 보고 싶어 한다고 말해주었습니다. 형제 여러분, 우리는 많은 어려움과 고난을 겪을 때, 여러분의 믿음으로 위로를 받았습니다. 여러분이 주님 안에서 굳건히 서있기만 한다면, 그보다 더 큰 보람은 없습니다.
살전 3:6-8 쉬운성경

바울의 가장 큰 보람은 성도들이 믿음으로 굳건하게 서있는 거였다. 사역자는 자신이 많은 어려움과 고난을 겪어도, 믿음이 굳건한 성도들을 볼 때 위로를 받는다. 이전 같으면 성도가 이상한 반응을 보일 수 있는 일인데, 믿음을 지키면서 인격적인 책임감으로 원망하지 않고 삶을 감당할 때, 깊은 안정감과 기도 응답이 있으리라는 확신을 갖게 된다. 믿음은 서로가 강건해지도록 영향을 준다.

같이 기도하며 문제 풀어가기

성도에게 문제가 생기면 급하게 문자가 온다. 내게 내용을 알리고 기도를 부탁한다. 예전에 그런 문자를 받으면 막막했다. 방법이 없는 것 같은 문제인 경우가 많았고, '문자를 보낸 당사자도 이렇게 마음이 힘든데 내가 무엇을 할 수 있을까?' 하는 생각이 들었다. 아마도 내 믿음이 성장할 필요가 있었을 것이다. 당사자만큼이나 나 역시 믿음이 연약했다. 문제 앞에서 답답했고 낙담했으니까.

하지만 지금은 기도를 시작한다. 자연스럽게 내 믿음을 위해 기도한다. 믿음 자체를 위해 기도한다기보다 마음속 부담이나 문자를 보낸 성도의 상태에 대한 내 판단을 정리하는 기도다. 아마도 사역자는 다른 사람의 부담을 기도로써 같이 풀어가는 사람일 것이다. 믿음이 연약할 때는 그 부담을 감당하는 게 고통스러웠다(물론 지금도 쉬운 일은 아니다). 그러나 기도하면 마음이 새로워진다. 그리고 성도가 어떻게 기도하면서 문제에 접근하면 좋을지에 대한 마음이 생긴다. 그래서 이제는 그렇게 어렵고 부담스럽지 않다. 같이 기도하면서 예수님의 도움을 받는 여정을 찾아가기 때문이다.

성도에게 문제에 어떻게 접근할지를 알려주면, 대부분은 마음이 차분해진다. 예전에는 성도가 그 문제를 내게 해결해달라고 연락한 게 아닌데, 괜히 내가 부담을 느낀 거였다. 그러나 이제는 성도와 같이 기도하며 닥친 상황에서 생기는 문제들을 알려준다. 그리고 또 같이 기도하며 방향을 잡는다. 그러면 어느새 문제가 작아져 있곤 한다.

결과가 만족스럽지 않을 때

때로는 문제가 저절로 작아지고 은혜로 해결되기도 한다. 그러나 문제가 작아져서 믿음으로 감당했는데, 그 결과가 원하는 대로 나오지 않을 때도 있다.

나는 처음에 원하는 결과가 나오지 않았을 때, 성도들이 변하는 모습에 많이 힘들었다(그 변화가 극적이어서 힘들다). 감사해하고 고마워하던 사람이 어느 날 그동안 도움 받은 게 없다고 말해서 논쟁하기도 했다. 믿음이 연약해져서 나오는 말인데, 나는 그 말에 어떤 문제가 있는지 입증하려고 했다. 사랑하면 그럴 때 논쟁하지 않는다. 아, 나는 참으로 사랑이 없다!

이제는 그렇게 하지 않는다. 일단 기다린다. 믿음으로 다시 여정을 함께할 수 있을지, 자신이 없지만 두려워하지 않고 기다린다. 그 시간에 성도들은 내게 대책을 세우라는, 보이거나 보이지 않는 압력을 넣기도 한다.

이때 기도하고 믿음으로 기다리면 다시 평안해질 수 있다. 다시 믿음으로 상황을 점검하고, 기도로 감당해가는 삶을 함께 말할 시간이 온다. 그렇게 되어야 공동체는 믿음으로 같이 기도하며 문제를 풀어가는 안목을 갖게 된다.

믿음이 연약해진 상태에서 나타나는 다양한 조종들에 대해서 교회는 함께 분별하고 믿음으로 해결하는 법을 배워야 한다. 기도하며 기다리다가 다시 믿음으로 삶이 세워질 때, 무엇을 어떻게 해야 하는지가 보인다.

삶의 근본적인 도전이다. 문제를 해결하고 내가 원하는 삶을 살 것인가, 아니면 결과와 상관없이 예수님을 사랑하고 믿음으로 살 것인가? 사랑이 간절하다. 언제나 그 갈등의 시간에 사랑으로 기다리고 사랑으로 말해주어야 성도들은 안심한다.

물론 미리 안심시켜도 결국은 자신의 믿음에 달린 문제기에 별 효과가 없다. 그러나 갈등하는 시간에 같이 기도함으로 성도가 조금이라도 믿음의 반응을 보인다면, 말이 통하는 그 짧은 시간에 나는 삶에 정말 필요하고, 진실하고, 소중하고, 도움이 되는 한마디를 해준다. 그때 성도의 믿음이 한 발 더 전진하는 걸 본다.

적절한 믿음의 대응을 찾기까지
바울은 데살로니가 교회 성도에게 이렇게 말한다.

우리가 여러분과 함께 있을 때에, 우리 모두 언젠가는 고난을 받을 때가 있을 것이라고 말했던 것을 기억하실 것입니다. 지금 그 일이 우리에게 일어나고 있는 것뿐입니다 살전 3:4 쉬운성경

함께 고난 속에서 믿음을 이야기할 수 있는 관계를 만드는 게 우선이다. 그래야 삶에 문제가 찾아왔을 때, 어떻게 믿음으로 대응할지 도울 수 있다.

보통의 관계는 고난 중에 믿음을 강건하게 하는 쪽으로 발전하지 않는다. 관계를 맺고 싶은 욕구에 따라 움직이다가 시련이 오면, 연약함이 드러나면서 관계가 정리된다. 그래서인지 언제부턴가 '모든 관계에서 마음의 욕구를 따르면 언제나 시련이 온다'라고 생각하게 되었다.

반드시 응답받는 구체적인 기도

지금은 관계가 좋아도 곧 무슨 일이 생길 것이고, 시련이 올 거라는 느낌이 든다. 그래서 관계 자체에 의미를 두면 안 되고, 시험을 함께 감당할 수 있는 관계가 되어야 한다고 생각한다.

오직 각 사람이 시험을 받는 것은 자기 욕심에 끌려 미혹됨이니
약 1:14

그렇기에 삶에 적용되는 성경적 원칙을 미리 가르쳐야 한다. 바울도 성도에게 고난이 없을 때, 바울과 함께 신앙이 성장할 때, 고난이 올 거라고 가르쳤다. 그리고 '지금이 그때'라고 말하고 있다. 아마도 바울은 자신이 고난을 어떻게 믿음으로 감당했는지 말했을 것이다. 성도는 그것을 보고 배우며 믿음이 성장해간다.

나는 성도가 자기 삶의 문제를 마치 남의 문제인 것처럼 행동하거나 말하지 않고, 인격적 책임감을 느끼며, 믿음으로 예수께 나아가 진실하게 기도하고 도움을 받을 때까지 돕는다. 그것은 예수님을 향한 자신의 믿음과 상태를 정확하게 점검하게 한다. 사실은 그렇게 되도록 돕는 것이다.

기도하며 속지 말 것

상황에 대한 해석을 다 받아들이지 말 것

민감한 일일수록 지나고 나서 생각이 많아진다. 상황이 벌어진 당시에는 그냥 지나갔지만, 후에 수많은 생각과 상황에 대한 해석이 일어난다. 그 상황 속에서 사람들의 반응의 의도가 떠오르고, 일의 전후 관계와 내 마음의 반응도 떠오른다. 때로 그 순간에는 아주 행복하다고 느꼈는데, 지나고 나면 전혀 다르게 당혹스러운 해석이 될 때도 있다. 그러나 마음이 힘들어지면서 일어나는 추측과 해석은 점검이 필요하다.

일단 이런 추측은 받아들이지 말아야 한다. 안 그러면 그 추측에서 헤어 나오기가 어렵다. 대응을 잘 못 하게 된다. 설사 마음을 힘들게 하는 추측이 맞다고 해도, 그 마음의 내용으로 상황과 사람을 판단하고 대응하는 건 성령님의 인도하심이기보다는 내 연약함의 반응이기 쉽다. 전혀 그런 일이 아닌데 내 생각의 연약함으로 작은 일을 큰일로 안 좋게 만들 수도 있다.

또한 이런 추측을 받아들이지 않으면, 상황을 잘못 해석할 염려가 줄어든다. 일이 발생할 당시의 좋았던 느낌, 정확한 느낌이 마음 중심에 있게 된다. 힘든 마음에서 나오는 추측을 마음 중심에 두고 상황과 사람을 해석하면 치우치기 쉽다. 그러나 명백하게 현장에서 주고받았던 마음과 상황의 내용이 중심이 되면, 비교적 정확한 생각을 하게 된다.

자꾸 마음이 추측으로 끌려가지 않게 지켜야 한다. 그때 지키는 힘은, 상황이 일어난 당시 주고받았던 좋은 마음에 대한 안정감이다. 설사 사람들의 생각이 나중에 바뀐다 해도, 그 당시 주고받았던 좋은 마음을 상기한 사람이 따뜻하게 설득하면 문제 있는 해석이 잠잠해진다.

무엇보다 추측으로 끌려가지 않고 정확한 근거로 안정감 있게 마음을 지키기 위해서는 '기도'가 필요하다. 추측이 올라올 때마다 하나님께 도와달라고 기도하라. 그리고 받아들이지 않는 마음으로 계속 거절하라. 그러면 조금 시달리다가도 곧 마음 안에서 추측이 힘을 잃는다. 추측이 맞다고 여기게 만들어서 연약함으로 상황과 사람을 대하게 하는 건 '속임'이다. 한 사람이 속으면 여러 사람이 영향받을 수 있다.

네 이웃에 대하여 거짓 증거하지 말라 출 20:16

평범한 일상에서 대놓고 이웃을 거짓말로 모함하는 경우는 많지 않다. 그러나 상황과 사람에 대한 나만의 해석이나 추측으로 다른 사람을 판단하고 그 말을 옮기는 일은 자주 있다. 사람은 진리와 진실에서 나오는 마음으로 분별하기보다 추측에서 나오는 판단에 더 익숙하다. 한 사람이 속으면 모두가 속는다. 이 속임이 힘을 갖지 못하게 해야 한다.

이때 속지 않는 사람의 분별력이 영향력이 있다. 한마디 말로 간단하게 검증하는 건 모두를 깨어있게 만들 수 있다. 서로의 이해관계가 맞아떨어져서 추측으로 하나 되려 해도 드러내놓고 할 수는 없게 된다. 그러다 시간이 지나면 진실이 이긴다.

추측으로 다수가 하나 되어 나만 곤경에 빠질 것 같은 두려움이 들 때, 진리이신 예수님에게 진정한 사실, 진실을 기도하고 도와달라고 하면 도움받을 수 있다.

이웃에 대해 거짓 증거하지 말라는 것은 십계명의 내용이다. 우리는 이 부분을 진지하게 받아들여야 한다. 중요한 문제라서 십계명에 있는 게 아닌가!

강건한 삶

끝으로 너희가 주 안에서와 그 힘의 능력으로 강건하여지고 마귀의

간계를(schemes) 능히 대적하기 위하여 하나님의 전신 갑주를 입으라

엡 6:10,11

"마귀의 간계"를 쉬운성경은 "사탄의 악한 속임수"로 번역한다. "schemes"(NIV)라는 단어도 '계획을 세운 전략, 계략'이란 뜻이다. 우리는 믿음 안에서 강건한 삶을 살기 위해서 속임수를 능숙하게 대적해야 한다. 그런 속임수가 있다는 걸 생각하지 못한다면 속게 될 것이다. 악한 속임수는 눈에 보이는 게 아니기에 매사에 기도하며 신중해야 한다.

장차 어떤 일이 일어날지 알 수 없다. 속지 않기 위해 악한 속임수를 다 알아야 하는 건 아니다. 기도로 깨어서 하나님의 뜻을 따르고자 해야 한다. 내 욕심을 따라 선뜻 나섰다가 함정에 빠질 수도 있다. 기도는 하나님의 뜻 안에서 내 연약함을 알게 하며 속지 않게 해준다.

우리의 씨름은 혈과 육을 상대하는 것이 아니요 통치자들과 권세들과 이 어둠의 세상 주관자들과 하늘에 있는 악의 영들을 상대함이라

엡 6:12

쉬운성경은 "우리의 싸움은 이 땅의 사람들에 대항하여 싸우는 것이 아니라"라고 번역했다. 상황과 사람만 보고 싸우면 속는

다. 항상 먼저 악한 원수들이 잠잠해지도록 기도해야 한다. 기도하는 사람은 신앙의 우선순위가 있음을 생각해야 한다.

주일 오후에 캠퍼스별로 성경 공부가 끝나면 같이 점심을 먹고 마지막에 교회 청소를 한다. 몇 년 동안 혼자 청소했지만, 이제는 같이 청소하면서 배워야 할 게 있다고 생각했다. 사람들은 자기들에게 청소를 시킨다고 생각하지 않고, 같이 무언가를 배운다고 여기면서 즐겁게 약 십 분간 청소했다.

혼자 청소할 때는 정해진 순서가 있었다. 먼저 예배실 바닥 먼지를 진공청소기로 흡입하고, 청소포를 이용해서 바닥을 닦고, 의자를 세팅하는 것이다. 그런데 같이 청소하니 혼란스러웠다. 나와 집사님이 예배실의 먼지를 중간부터 나누어서 절반씩 진공청소기로 흡입했다. 그런데 다 끝나기도 전에 사람들이 바닥을 닦았다. 흡입하지 않은 곳도 닦고 있으니, 청소가 권사님 말로는 '오합지졸'(烏合之卒)이었다. 그래도 좋았다.

우선순위가 있기 때문이다. 혼자 청소할 때는 청소가 우선이다. 그러나 같이 청소할 때는 교회의 사역, 교회의 일이 된다. 사역은 예수님의 성품과 능력 가운데 같이 머물며 예수님을 경험하는 시간이다. 청소가 우선이 아니라 그분의 성품 안에 같이 머무는 게 우선이다.

이것을 놓치면 '사역'보다 단지 청소하는 '일'이 된다. 청소를 잘하기 위해 같이 무언가를 해야 한다면 교회에서 배울 건 무엇인가? 청소가 필요하기는 하지만 청소하러 교회에 오지는 않는다. 사역이라는 의미가 있을 때 같이 하는 것이다.

일상 속에서 예수님의 성품과 능력 안에 거하고 방해를 제어하는 일을 늘 생각해야 한다. 일상은 그냥 살아가고 특별한 일만 사역으로 생각하면, 많은 일에서 우선순위를 놓치고 속는다. 상황에 믿음으로 반응하지 않고 결국 연약함으로 반응하게 된다.

강건한 삶으로 예수님의 성품과 능력을 전달하는 사역이 잘될 때까지, 방해를 제어하고 평안한 삶을 살 수 있도록 항상 우선순위를 생각하고 전신 갑주를 벗지 말아야 한다.

행복한 가정을 원하지만, 가정에서 자신이 원하는 대로 행동하고, 문제 앞에 인간적인 마음으로 반응하면 가정은 연약해진다. 가족 모두가 보호받지 못하고 각자 원하는 대로 되지 않는다고 원망할 것이다. 이때 누구 하나라도 하나님의 전신 갑주를 입고, 예수님의 성품과 능력 안에서 방해를 제어하며, 기도로 사역하는 삶을 살아야 한다. 그래야 강건한 가정, 행복한 가정이 된다.

가정에서 능숙하게 사역하고, 가족이 함께 점점 강건해질 때까지 자신이 원하는 대로 살고자 하지 않는 마음의 전신 갑주를 벗지 말아야 한다.

모든 것 위에 믿음의 방패를 가지고 이로써 능히 악한 자의 모든 불
화살을 소멸하고 엡 6:16

방패는 "믿음의 방패"이다. 불화살은 "악한 자의 불화살"이다.
믿음을 약화하는 고통스러운 불화살을 소멸시키는 것은 '믿음'이
다. 고통 가운데 마음이 어려울 때마다 믿음으로 마음을 굳건하
게 지킬 필요가 있다. 불화살이 고통스러워도 믿음을 약하게 하
려는 의도가 있음을 알고 믿음을 지키면, 불화살은 소멸한다.
 강건한 삶을 위해 에베소서는 마지막으로 기도를 말씀한다.

모든 기도와 간구를 하되 항상 성령 안에서 기도하고 이를 위하여 깨
어 구하기를 항상 힘쓰며 여러 성도를 위하여 구하라 엡 6:18

성령의 뜻 안에서 기도할 때, 분별하여 속지 않게 된다. 기도하
지 않으면 상황이 주는 메시지에 마음의 연약함으로 반응하고 대
응하게 된다. 그러면 문제가 잘 해결될 리 없다.

예배실 앞 복도가 휘어지는 곳에 작은 공간의 여유가 있어서
주일에는 간식 테이블을 놓는 곳으로 사용했다. 양해를 구하고
옆 사무실이 설치한 배너 광고판을 주일만 잠깐 옆으로 이동해놓
았다. 그런데 갑자기 옆 사무실에서 그 공간에 큰 택배 받는 상

반드시 응답받는 구체적인 기도

자를 설치했다. 자기 사무실 앞에 두면 될 것을 남의 공간에 둔 것이다. 상자를 옮겨달라고 해도 말이 통하지 않았다. 왜 이 공간이 교회 공간이냐고 우겼다.

예전 같으면 우선순위를 정해서 사역할 문제가 아니라, 예의 없는 사람들의 행동을 고쳐야 하는 문제로 생각하고 고치려 했을 것이다. 그러나 나는 알았다고 하고 물러났다. 인사하며 사이좋게 지냈다. 가끔 택배 상자에 쓰레기 같은 것이 있으면 치워주기도 했다.

기도로 대응하다 보니, 문제가 발생할 때 상식을 논하며 싸우는 일이 줄어들었다(그래서 손해가 많은 것 같기도 하다). 좋은 마음으로 이웃을 대하게 되었다. 사실 이 글을 쓰는 오늘, 그 택배함이 사라졌다. 잠깐 생각이 들었다.

시간의 차이. 문제를 당장 해결하고 싶은 내 시간과 믿음으로 반응하며 일의 우선순위를 생각하고 속지 않았을 때 문제가 해결되는 믿음의 시간차.

시간은 걸렸지만, 모든 과정이 자연스럽고 따뜻했다. 이제 이웃 사무실 청년들은 자주 먼저 인사하곤 한다. 우선순위를 정해 사역하는 건 일상에서도 항상 필요하다. 사역은 기도로 하는 것이다.

예수님에게 방법이 있음을
기억하기

예수님의 방법은 예수님의 마음에서

그 무렵에 또 큰 무리가 있어 먹을 것이 없는지라 예수께서 제자들을 불러 이르시되 내가 무리를 불쌍히 여기노라 그들이 나와 함께 있은 지 이미 사흘이 지났으나 먹을 것이 없도다 만일 내가 그들을 굶겨 집으로 보내면 길에서 기진하리라 그중에는 멀리서 온 사람들도 있느니라 제자들이 대답하되 이 광야 어디서 떡을 얻어 이 사람들로 배부르게 할 수 있으리이까 막 8:1-4

약 사천 명이 먹을 것이 없이 사흘 동안 광야에 있었다. 집이 먼 사람들은 돌아가다가 쓰러질 상황이었다. 예수님은 그들을 불쌍히 여기셨다. 그러나 제자들의 반응에서 보듯 사실 방법이 없었다. 제자들의 말은 아주 현실적이다. 바로 오늘 우리가 해도 이상하지 않을 말이다.

"이 광야 어디서 떡을 얻어 이 사람들로 배부르게 할 수 있으리이까?"

언제나 우리의 방법은 '실현 가능한가'가 기준이다. 실현 불가능한 건 방법이 아니다. 문제를 해결하려면 해결 가능한 현실적 방법이 있어야 한다. 현실에서 해결할 방법이 없으면, 해결을 못한다고 생각한다. 그래서 많은 문제가 해결책이 없는 것처럼 다가오고, 우리는 방법이 없다고 느껴 현실에 갇혀 낙담한다.

해결 방법이 없는데 따뜻한 말이 무슨 소용이겠는가. 우리는 막막한 문제에 부딪혔을 때, 기도를 현실에서 별 소용이 없는 따뜻한 말처럼 여기는 경우가 있다. 아니면, 요술 방망이같이 문제를 뚝딱 해결하는 비현실적인 방법으로 여기기도 한다.

예수님은 배고픈 사람들의 상황을 구체적으로 알고 계셨다. 사람들이 예수님과 함께 있는 사흘 동안 먹지 못했다는 것과 멀리서 온 사람들이 가다가 길에서 쓰러질 상황임도 아셨다. 무엇보다 "내가 그들을 굶겨 집으로 보내면"이라고 말씀하시면서 사람들이 먹지 못한 문제를 예수님의 문제로 인식하셨다. 사람들의 배고픔을 불쌍히 여기셨고, 해결하고 싶으셨다.

그래서 떡 일곱 개와 작은 생선 두어 마리로(막 8:6,7) 약 사천 명을 먹이셨다. 방법이 없던 배고픔을 해결한 것은 예수님의 '불쌍히 여기시는 마음'이었다. 그분이 불쌍히 여기고 결정하시면

불가능한 일이 없다. 그렇다면 우리도 예수님의 불쌍히 여기심을
받아야 한다.

마음이 가난해지기까지

기도하면서 또 성도의 기도를 도우면서 마음이 가난해지는 것
이 기도의 중요한 터닝 포인트가 됨을 느꼈다. 상황이 어려워서
마음이 힘들다가도 기도를 시작하면, 어느 순간에 예수님 앞에서
마음이 가난해진다. 문제에 대한 마음보다 예수님과 함께 있는
감사함을 느낀다. 그래서 문제보다 예수님을 의지하게 되어 문
제가 작아지고 그분의 도움을 받는 경우가 많았다.

지금 생각해보니, 마음이 가난해진 것은 아마도 눈에 보이지
않아서 알 수는 없지만, 예수님이 불쌍히 여기시는 시간이 아니었
나 생각한다.

십이 년 동안 아파서 가산을 모두 잃고 방법이 없어 예수님의
옷자락을 잡았던 사람의 마음, 아픈 아이를 돌보던 수로보니게
사람이 부스러기라도 달라고 했던 마음은 다 가난한 마음이었
다. 예수님은 그들의 마음과 믿음을 보시고, 문제를 해결하셨다.

나는 용돈이 넉넉하면 편의점에서 '플렉스'(flex, 부를 과시함)하
곤 한다. 배고프지도 않은데 복숭아, 망고 같은 플라스틱 통조

림, 스타벅스 캔 커피, 1+1 요구르트, 신라면 블랙 같은 컵라면을 먹는다.

그런데 코비드가 오면서 강의가 없어지자, 이 플렉스도 사라졌다. 용돈이 빠듯해지면 꼭 먹고 싶은 것만 사 먹는다. 중국집에 가서 간짜장을 먹는다. 더 용돈이 줄면 칠천 원짜리 제육 덮밥집에 간다. 할머니가 음식을 하시는데 김치가 예술이다. 그 맛있는 김치에 제육을 싸서 따뜻한 밥과 함께 먹는다.

더 용돈이 줄면 육천 원짜리 콩나물 비빔밥집에 간다. 달걀부침까지 올려준다. 간장 소스에 무언가 비법이 있는 것 같다. 당연히 김치는 국산이다. 무엇보다 시원한 콩나물국을 준다.

더 용돈이 줄면 금천구청역 앞 포장마차로 간다(평소에는 위생이 걱정돼 잘 가지 않는 곳이다). 비 오는 날 역사 쪽 공사 현장을 보면서 떡볶이를 먹는다. 정말 맛있다. 어묵도 맛있다.

이보다 용돈이 줄면 도시락을 싼다. 아내가 김치를 볶아서 반찬으로 싸준다. 집에서 흔한 것도 교회에 오면 소중해진다. 따뜻한 밥과 볶은 김치가 있으니, 속이 든든해진다.

이런 상황은 용돈에 따라 주기적으로 반복된다. 삶의 모습에 따라 마음이 함께 가난해지는 건 힘들다. 나이가 들수록 더 힘들다. 그러나 몇십 년 동안 자비량으로 사역하면서 해온 일이다. 이제는 감사하다. 사람이 스스로 마음이 가난해지기는 쉽지 않기 때문이다(마음이 가난해져야 하는 상황이 주기적으로 오는 건 좀 힘들긴 하다). 예수님에게 재정을 구하면서 이런 시간을 보낸다. 재정은 얼른 오지 않고, 내 마음은 점점 가난해진다. 그러면 예수님 앞에서 그런 시간이 주는 즐거움을 느낀다. 이제는 어느 정도 눈치채고 있다.

'아, 이런 마음은 정말 좋은 마음이구나.'

아마도 예수님이 주시는 마음이 아닐까! 스스로 마음이 가난해지고 불쌍히 여김 받기 힘든 게 사람인데, 주기적인 상황이 예수님을 의지하게 하니 감사하다.

예수님에게 방법이 있음을 기억한다는 의미

문제가 오면 여전히 두렵지만, 예수님에게는 방법이 있는데, 나는 아직 모르고 있다고 생각한다. 그것은 해결책을 찾는 사람의 두리번거림이 아니다. 예수님을 만나서 도움을 받기까지 다시 그분과 함께하는 시간을 보내야겠다는 좋은 기대 혹은 결심이다. 방법을 갖고 계신 예수님을 기대하고, 내가 그분을 더 닮아가는 배움의 시간이 될 거라고 생각한다.

배고픈 사람들을 굶겨 보낼 수 없으셨던 예수님의 성품을 향한 신뢰는 내 안에 확고하다. 그렇다면 그 성품을 만나는 시간이 필요한 거다. 얼른 느끼지 못해서 그렇지, 내가 어디서부턴가 벗어나서 예수님의 성품에 대한 기억이 흐려진 것이라고 생각한다.

편의점 플렉스는 진즉부터 문제가 있다고 생각하고 있었다. 일단 건강에 좋지 않다. 코비드가 와서 모든 강의가 사라졌을 때, 금방 알 수 있었다.

'아, 건강해지겠구나.'

포장마차의 위생을 걱정하다가 비 오는 날 사 먹는 떡볶이와 어묵이 정말 맛있을 때, 나는 마음이 가난해지고 있음을 느낄 수 있었다. 어디서 무엇을 먹느냐는 중요하지 않다. 중요한 것은 마음의 변화다. 마음이 가난해져서 다시 예수님에게로 가까이 가는 것, 배고프지도 않은데 음식을 탐하는 것보다 소박한 음식을 먹어도 그분과 함께 있는 게 더 좋다는 걸 느낀다.

우리에게는 문제 해결책을 찾는 게 아니라 놓친 마음을 회복하는 시간이 필요하다. 언제나 도와주시는 예수님이 그곳에 계신다. 그래서 예수님의 도움을 받는 건 다시 예수님을 향해 기대가 가득해지고, 그분과 함께하는 즐거움을 누리는 시간으로 돌아가는 것이다. 방법을 찾는 건, 사실 예수님을 찾아가는 것이다.

결과로 남는 것

어떤 문제든지 예수님에게 방법이 있다는 생각은, 내가 지금 느끼는 현실의 한계 안에 갇히지 않게 해준다. 막막한 상황이 와도 '이것이 전부가 아니다'라는 생각의 문을 열어준다. 그러면 우리는 예수님에게 기도하면서 그분의 도움을 받을 가능성을 결과가 나올 때까지 부지런히 찾게 된다. 결과를 예측하며 실망하지 않는다. 물론 시간이 걸릴 때가 많다. 그러나 결과가 막막함으로 결정되지 않을 거라고 계속 생각한다.

이때 결과에 대한 안정감은 내가 원하는 바가 아니다. 만일 그렇다면 모든 문제의 결과에 항상 불안할 것이다. 살면서 원하는 대로 결과가 나오지 않음을 뼈저리게 느꼈기 때문이다. 결과에 대한 안정감은 '예수님을 향한 신뢰'에서 온다. 이는 예수님이 내가 원하는 대로 해주실 거라는 신뢰가 아니다. 어떤 경우에도 예수님의 성품과 능력을 경험할 거라는 안정감이다.

그런 생각은 결과로 가는 사역 과정을 건강하게 만든다. 예수님의 성품과 능력에 대한 기대가 꺾이지 않는다. 중요한 것은 꺾이지 않는 그 마음이다.

문제를 다뤄가는 사역 과정은 믿음이 성장하고 배우는 시간이다. 무엇보다 중요한 것은 '믿음의 사람'으로 성장하는 것이다. 예수님은 제자들과 동역하셨다. 제자들은 예수님과 함께 있으면서 점점 믿음의 사람으로 자라났다. 사역의 결과는 예수님을 증거하는 제자, 사역자가 서는 것이다. 예수님의 도움을 받아 문제가 해결되는 과정을 보면서 사역자는 자라난다. 그는 예수님에게 도움받는 법을 잘 아는 사람이 된다.

반드시 응답받는 구체적인 기도

기도할 때 예수님에게 문제를 해결해달라거나, 왜 해결이 안 되냐고 하지 않는다. 문제를 들고 나가는 건 맞지만, 우선 관심은 예수님에게 둔다.

'예수님은 이 문제를 어떻게 생각하고 계시는가?'

그러다가 배고픈 사람들에게 인격적인 책임감을 가지신 예수님을 만나면 감동한다. 순간, 은혜를 느낀다. 항상 예수님을 따르고자 마음먹게 되는 건 그때가 아닌가 싶다.

예수님은 광야에서 사흘이나 굶고 있던 수많은 사람을 순식간에 먹이셨다. 우리가 느끼는 문제에 비하면 항상 해결은 너무 분명하고, 순식간에 일어난다. 예수님의 능력이 현실이 되면, 문제로 눌렸던 중압감이 허무하게 느껴지기도 한다. 그래서 더욱 문제 해결보다 예수님이 중요하다. 문제가 해결되면 잠깐 행복하지만, 예수님을 만난 경험은 두고두고 삶에 큰 의미를 주기 때문이다. 그것 때문에 살게 된다.

문제 해결도 좋지만, 점점 예수님을 향한 사랑과 신뢰가 깊어지는 데 더 의미가 있다. 이 경험이 쌓이면 문제가 발생했을 때 즉각 믿음 안에서 문제를 해석하고, 믿음으로 기도하게 된다.

PART 4

구체적인 기도의
실재

작은 응답들은 믿음의 기도를 점점 담대하게 만든다.
문제에 대한 하나님의 돌보심을 많이 경험했기에
점점 그에 대한 안정감과 확신이 생긴다.
하나님께서 은혜를 주셨으니 잘될 거라고
믿음 안에서 기도하며 상황을 대한다.

Specific Prayer

구체적인 기도의 조건

이삭이 없어도 분명한 아브라함의 믿음

믿음으로 아브라함은 부르심을 받았을 때에 순종하여 장래의 유업으로 받을 땅에 나아갈새 갈 바를 알지 못하고 나아갔으며 히 11:8

그가 백 세나 되어 자기 몸이 죽은 것 같고 사라의 태가 죽은 것 같음을 알고도 믿음이 약하여지지 아니하고 믿음이 없어 하나님의 약속을 의심하지 않고 믿음으로 견고하여져서 하나님께 영광을 돌리며 약속하신 그것을 또한 능히 이루실 줄을 확신하였으니 그러므로 그것이 그에게 의로 여겨졌느니라 롬 4:19-22

아브라함은 부르심을 받아 나갈 때 갈 바를 알지 못하고 나아갔다. 물론 그때도 믿음으로 순종한 것이라고 성경은 말씀한다. 시간이 지나 백 세가 되었을 때, 그의 믿음에 대한 성경 말씀은 조금 더 분명하다. 몸이 죽은 것같이 되었지만, 아브라함과 사라의 믿음은 약해지지 않았다. 오히려 강해졌다. 이삭을 주시겠다는 하나님의 약속을 의심하지 않고 견고하게 신뢰했고, 하나님께 영광을 돌렸다. 몸은 죽은 것 같은데, 믿음은 하나님이 능히 이루실 거라고 확신한 것이다. 그것은 아브라함과 사라의 육체적 상황을 기반으로 한 믿음이 아니었다. 살아계셔서 약속하신 것을 이루시는 하나님을 향한 신뢰, 확고한 믿음이었다.

아브라함은 이삭을 받기 전에 이미 믿음이 확고했다. 아직 이삭은 없었지만, 하나님의 약속을 지키시는 성품과 아이를 주실 수 있는 능력을 믿었다. 그래서 이삭을 받지 않았어도 능히 이루실 하나님께 영광을 돌릴 수 있었다. 이삭이 주어져야 비로소 하나님을 향한 믿음의 내용이 구체적이 되는 건 아니었다. 아직 주어지지 않았지만, 하나님을 향한 아브라함의 신뢰는 확고하고 구체적이었다.

'이삭을 어떻게 받고, 받으면 어떻게 될 것인가?' 하는 상황을 구체적으로 생각한 것이 아니라, 하나님을 신뢰하는 믿음이 구체적이었다. 이는 믿음과 상상의 차이라고 할 수 있다. '상상'은 아직 현실이 되지 않은 것에 대한 사람의 생각이다. 그러나 '믿음'은 내가 원하는 상황에 대한 확신이 아닌 하나님을 신뢰하는 마음이다.

구체적인 기도

로마서 4장에서 말씀하는 대로, 아브라함은 이삭을 받기 위해 하나님을 향한 의심 없는 신뢰와 영광을 돌리는 기도를 했을 것이다. 확고한 믿음을 기반으로 한 기도였기에 은혜가 가득했을 것 같다. 이삭을 주시겠다는 약속도 죽은 것 같은 육체의 상황과 상관없이 살아있었고, 약속받은 아브라함도 상황과 상관없이 약속을 깊이 신뢰했다. 이삭을 주시겠다는 약속이 구체적이고 의미가 있으려면, 오랜 시간 하나님을 신뢰하며 믿음이 깊어진 친밀한 믿음의 고백이 필요했다.

아브라함의 믿음이 연약하여 하갈과 동침함으로 이스마엘을 낳았을 때, 약속을 위해 기도했다면 백 세 때의 믿음의 기도와는 차이가 있지 않았을까 싶다. 이스마엘을 낳기 전에도 아브라함은 이렇게 고백한 적이 있다.

아브람이 이르되 주 여호와여 무엇을 내게 주시려 하나이까 나는 자식이 없사오니 나의 상속자는 이 다메섹 사람 엘리에셀이니이다 아브람이 또 이르되 주께서 내게 씨를 주지 아니하셨으니 내 집에서 길린 자가 내 상속자가 될 것이니이다 여호와의 말씀이 그에게 임하여 이르시되 그 사람이 네 상속자가 아니라 네 몸에서 날 자가 네 상속자가 되리라 하시고 창 15:2-4

아브라함은 점점 믿음이 깊어졌고, 나중에 육체적 상황이 더 어려워졌지만 더 깊은 믿음의 고백을 할 수 있었다. 우리도 이처럼 기도할 필요가 있다.

과거 우리는 상황이 어려워서 기도해야 하는 줄은 알지만 믿음이 약해져 막연히 기도했다. 약해진 믿음으로 주님을 의심하며 원망하기도 했다. 마음이 어려운 상태에서 무엇을 어떻게 기도해야 할지 감을 잡지 못했다. 상황이 좋아지도록 기도하지만 확신이 없고, 상황이 기도한 대로 흘러가지 않으면 기도가 금방 의미 없어지고 말았다. 그리고 다시 연약함으로 반응했다.

이제는 이런 과거의 습관을 버리고 믿음으로 기도하는 법을 익혀야 한다. 아브라함처럼 우리도 믿음이 점점 강건해지고 믿음의 기도를 하며 응답받을 수 있어야 한다.

기도가 구체적으로 잘되는 삶의 영역부터 시도하기

목사, 설교자로 부름을 받아서 그런지 설교를 준비하기 위해 기도할 때는 응답이 잘되는 것 같다. 하나님께서 원하시는 것과 설교 현장에서 어떻게 설교할지 그리고 사람들의 반응이 있을 때 어떻게 믿음으로 나아가야 할지를 비교적 분명하게 기도하게 된다. 기도 중에 세밀한 응답이 있을 때는 어떤 예화를 들고 어떻게 설교 과정을 진행해야겠다는 내용까지 생각난다.

또 가족을 위해 기도할 때도 응답이 세밀하다. 둘째가 취업을 위해 면접을 보는 날이었다. 나는 새벽에 일어나서 기도하며 앉아있었다. 아침이 되어 면접 보러 가는 딸에게 말할까 말까 망설이다가, 딸이 거실에 들러서 무엇을 가져갈 때 말했다. 어른이 된 자녀에게 권면을 한다는 건 어릴 때와 다르다. 괜히 방해될 수도 있고, 나보다 더 잘 알고 있을 수 있는데 잔소리를 늘어놓는 게 될 수도 있기 때문이다.

딸은 이미 오 주간의 인턴 생활을 통해 모든 걸 파악했고, 여러 번 면접 같은 상황에서 사람들을 만났다. 그러니 새로울 것 없이 자연스러운 분위기일 것 같았다. 그런데 혹시 면접에서 당황스러운 질문이 나올 수 있으니, 들어가기 전에 그런 질문에 어떤 태도를 보일지 시뮬레이션을 하고 들어가라고 말해주었다.

나중에 들으니, 다른 세 명의 신입사원 면접은 공통 질문 세 개를 하는 선에서 끝났는데, 딸에게만 열두 개의 질문이 쏟아졌다고 했다. 면접이 끝나고 함께 면접을 본 동료들이 도대체 무슨 일이냐며 딸을 위로했다고 했다. 다행히 딸은 합격했다.

교회 사역을 할 때도 응답이 세밀하다. 기도가 금방 구체적으로 된다. 사소한 내용에도 응답이 세밀해서, 사람들을 섬길 때 기도하고 응답받은 내용으로 세밀하게 섬기게 된다. 아마도 모든 목회자가 성도에게 그럴 것이다. 사람들의 필요가 있으면 세밀한 기도 속에서 멘토링을 하게 된다. 사람들은 내게 기도를 부탁하고 같이 기도하며 문제 해결 방향을 정하기도 한다. 함께 기도하면서 현실 문제에 대처할 방향을 잡고 어떻게 사역하며 나아갈지 나눈다. 그러다 보면 대부분 문제는 작아진다.

도시에서 기도할 때, 기도는 즉각 은혜 가운데 세밀하고 구체적으로 된다. 도시의 큰 문제, 내 삶과 크게 관계 없는 문제일지라도, 마음은 은혜로 가득하고 기도가 뜨거워진다. 선교사님들이 부름을 받은 선교지에서 그 나라와 사람들을 위해 기도할 때 얼마나 마음이 뜨겁고 구체적이 되겠는가! 나도 도시에서 기도할 때마다 그런 은혜를 누린다. 아시아의 대도시에 가서 기도할 때도 깊은 감동과 울림을 느낀다. 기도가 자연스럽고 행복하다.

아내는 내가 도시에 나가서 기도하거나 아시아의 대도시에 강의하러 다녀왔을 때, 즐겁고 좋아 보였다고 격려해준다. 맞다. 나는 도시를 걸어 다니며 기도하면 기쁘고 자유롭다. 응답이 풍성하며, 찬양으로 영광 돌리는 기도가 자연스럽게 나온다.

누구나 자기 삶과 부르심의 영역에서는 기도가 다른 영역에 비해 은혜롭고 구체적이며 세밀하게 될 것이다. 모든 문제와 영역에서도 기도가 금방 은혜롭게 되고, 응답이 세밀하고 구체적이면 얼마나 좋을까! 하지만 그렇게 되지 않아도, 자신의 기도 생활을 돌아보면 응답이 세밀했던 영역과 상황이 있을 것이다. 그때처럼 다시 구체적으로 기도가 되고 응답이 되도록 해보라.

반드시 응답받는 구체적인 기도

기도 응답의 구체화

기도가 구체적이고, 응답이 세밀했던 기억을 떠올려 보면, 문제보다 먼저 하나님을 향한 믿음이 확고했을 때였다.

믿음이 확고하면 문제 상황 때문에 마음이 흔들려도 하나님께 간절하게 매달리게 된다. 상황이 어떻든 계속 간절하게 매달린다. 그러다 보면 아직 문제가 해결되지 않았어도 마음에 소원이 생긴다. 상황 속에서 기도로 믿음을 지킨 믿음의 소원이다. 그것은 무거움을 이겨낸 소망일 것이다. 겨울이 지나 봄에 싹이 튼 것 같은.

반면에 가끔은 그냥 좋은 마음으로 하나님을 기대하게 되고, 선물처럼 소원이 생기고 응답될 때도 있다.

어쨌든 기도하고 믿음을 지키면 상황이 나를 덮치지 못한다. 문제가 다 해결되지 않았어도 숨 돌릴 틈과 마음의 여유가 생긴다. 그때 조금 더 기도로 나아가면, 상황에 소망이 생긴다. 마음도 부드러워지고 상황도 처음처럼 낯설고 무섭게 다가오지 않는다. 주변 분위기도 차분해지며 믿음으로 대응할 여건이 된다.

소망 가운데 기도가 자연스러워지면 작은 응답들이 있다. 아직 문제가 모두 해결되지 않았지만, 그 과정에서 하나님의 선하신 손을 따라 작은 문제들을 돕는 사람과 환경을 만난다.

아내가 셋째를 낳기 위해 병원에 입원했을 때였다(자세한 내용은 《시험을 당하거든》에 썼다). 아내의 상황을 정확히 파악한 의사를 만났다. 신뢰할 만했고, 잘 치료되었다. 아이가 태어나서 신생아중환자실에 있을 때도 좋은 간호사를 만났다. 간호사는 아이를 잘 돌볼 것이니 걱정하지 말라고 우리를 위로해주었다. 신생아 치료 과정에 대한 일기가 얼마나 꼼꼼한지, 의료진들과 협조가 정말 잘되었다. 아이는 무사히 퇴원해서 건강하게 자라나 벌써 열 살이 되었다.

작은 응답들은 믿음의 기도를 점점 담대하게 만든다. 문제에 대한 하나님의 돌보심을 많이 경험했기에 그에 대한 안정감과 확신이 생긴다. 하나님께서 은혜를 주셨으니 잘될 거라고 믿음 안에서 기도하며 상황을 대한다.

구체적인 필요

진정한 필요가 분명해지기까지

주일예배 후 계단 앞 통로에서 울고 있는 한 집사님을 보았다. 교회 온 지 한두 달쯤 되었을까? 울음이 조금 가라앉을 때까지 기다렸다. 예배에 은혜받아서 우는 게 아님을 한눈에 알 수 있었다. 혼잣말로 너무 힘들다고 하며 울었다. 왜 우는지 물었더니, 자녀가 입시를 준비하는데 힘들어하며 입시를 치르지 않겠다고 한다고 했다. 잠깐 기도해주고 오후 순서가 끝나면 예배실에서 집사님들과 함께 만나자고 말했다.

그 집사님과 다른 집사님들과 같이 만났다. 그 집사님이 자초지종을 털어놓았다. 자녀가 둘인데, 다른 자녀가 정서적으로 힘들어서 힘든 시간을 보냈고 이제 조금 좋아져서 한시름 놓았는데, 또 한 자녀가 입시 문제로 힘들게 한다고 했다.

무엇보다 집사님 안에 두려움이 컸다. 또 지난번처럼 힘들어지면 정말 고통스러울 것 같다고 했다. 이야기를 듣고 같이 기도했다. 주로 두려움이 잠잠해지기를 기도했다. 사람의 마음을 한순간에도 새롭게 하실 수 있는 하나님을 의지하고 그분께서 도와주시도록, 두 자녀의 문제가 다른 성격이니 너무 두려워하지 않도록 기도했다. 집사님은 마음이 가벼워져서 집으로 갔다.

묵상 모임을 통한 회복

집사님의 요청으로 주일에 같이 기도했던 두 집사님과 교회에서 묵상 모임을 했다. 본문은 영적으로 아픈 아이를 고치지 못한 제자들과 아이의 아버지의 믿음에 관한 내용이었다.

집사님은 자신의 믿음을 진지하게 고민하기 시작했다. 두려움은 어느 정도 벗어났지만, 이제 아이를 도와주실 예수님을 향한 강건한 믿음을 구해야 했다. 그리고 아이가 그분의 도움을 받을 수 있도록 기도해야 했다.

상황을 놓고 기도하는 것이 처음이라 어려웠지만
본문 말씀을 반복해서 읽으며 기도하던 중,
예수님이 아이를 불쌍히 여기신다는 마음을 느꼈습니다.
작은아이도 불쌍히 여기셔서
이미 회복시키신 것 같다는 생각이 들어

반드시 응답받는 구체적인 기도

회복되기 전 격렬한 반응이라 여기고
말씀으로 기도하다가 아이랑 길고 긴 대화를 했습니다.
아이는 입시를 포기하기로 했고,
주변 친구나 선생님들의 비난과 조롱이 두려워
학교에 가기 힘들어 자퇴하고 싶다고 했습니다.
그러나 한편으로는 입시에 성공해서 대학도 다니고
졸업 후 인생을 즐겁게 살고 싶다고도 했습니다.

아침 강의가 끝나자마자 집사님이 보낸 문자를 확인하고 얼른 통화를 했다. 정말 잘하고 있다고 격려했다.

학원 선생님의 너무 분명한 멘토링에 상처받은 아이는 입시에 대한 두려움으로 모든 걸 포기하고 싶어 했다. 집사님은 아이를 돌보는 어머니로서 어떻게 해야 할지 몰라서 힘들었지만, 그래도 믿음으로 예수님의 방법을 찾고 있었다.

교회에 오자마자 그동안 훈련한 것도 아닌데 순식간에 믿음으로 문제를 대하게 되다니, 어쩌면 놀라운 은혜였다. 보통은 해결만 바라다 안 되면 원망하며 낙담하는 게 일반적인데 말이다.

아이가 믿음으로 상황을 대할 수 없기에, 부모인 어머니의 믿음이 더욱 중요하다고 말했을 때, 집사님은 깊이 받아들였다. 묵상 모임의 영향이 아닌가 싶었다.

집사님이 두려움에서 벗어났듯이, 아이도 두려움에서 벗어나도록 기도하고 돕는 게 필요하다고 말했다. 문자를 보니 아이가 주변 사람들의 판단에 대한 두려움이 있는 것 같은데, 너무 걱정하지 않아도 된다고 말했다. 아이가 자신의 삶을 행복하게 살고픈 마음도 강하게 있기 때문이었다.

목사님 말씀을 듣고 저와 아이의 두려움이
어디서 오는지 묵상해보니
사람들에게서 온다는 걸 깨달았습니다.
그래서 예수께 아이의 두려움,
특히 사람들의 평가에 대한 상처와 두려움을
만져달라고 밤새도록 간절히 매달렸습니다.
아이는 마음이 회복되어 내일 시험을 보러 갑니다.

무엇보다 집사님이 믿음의 안목으로 상황을 분별하고 아이를 위해 기도한 게 놀랍고 감사했다. 이렇게 빨리 이해하고 적용하면서 감당하다니 놀라운 속도라는 생각이 들었다. 그러나 언제나 과정이 있다. 믿음으로 가는 과정, 기도가 지나가는 과정이 있다.

목사님, 오늘 강의가 참 좋았습니다.
가난한 마음에 대해 잘 몰라 어려웠는데

강의를 듣고 알게 된 것 같습니다.

그동안 딸이 시험에 대한 압박감을

이겨내지 못하는 게 답답하고 이해되지 않았는데

어제 힘들어했던 아이를 생각하니

너무 안쓰러워 눈물이 났습니다.

어린 나이에 혹독한 세계에서

홀로 힘들게 서있는 모습을 보며

그동안 얼마나 힘들었을지

"하나님 불쌍히 여겨주세요" 하는 기도가 나왔습니다.

예수님에게 부스러기 은혜를 구하는 심정으로

불쌍히 여겨 도와주시기를 구했습니다.

그동안 믿음이 없어 주님이 도와주시지 않을 것 같아 두려웠는데

지금은 불쌍히 여겨주시는 은혜를 구하며

담담히 지내고 있습니다.

아이도 다행히 마음을 회복 중입니다.

아이를 불쌍히 여기는 마음으로 기도하며 나아가겠습니다.

입시를 위한 기도가 자녀의 두려움을 돌보는 기도가 되어갔
고, 집사님의 믿음을 새롭게 하는 기도가 되었다. 그렇게 기도할
때 진정으로 자녀의 입시를 위해 기도할 수 있다. 자녀의 두려움
을 돌보는 기도, 부모의 믿음을 위한 기도야말로 진정 입시를 위

한 기도다. 상황만 생각할 때는 진정으로 필요한 게 무언지 우선순위가 확실하지 않다. 그러나 구체적인 기도로 나아갈 때, 진정한 필요가 무엇인지 알게 된다. 그렇게 강건해진 믿음으로 상황에 대해 예수님의 도우심을 구하게 된다.

진정한 필요, 구체적인 필요

그가 베드로와 요한이 성전에 들어가려 함을 보고 구걸하거늘 베드로가 요한과 더불어 주목하여 이르되 우리를 보라 하니 그가 그들에게서 무엇을 얻을까 하여 바라보거늘 베드로가 이르되 은과 금은 내게 없거니와 내게 있는 이것을 네게 주노니 나사렛 예수 그리스도의 이름으로 일어나 걸으라 하고 오른손을 잡아 일으키니 발과 발목이 곧 힘을 얻고 뛰어 서서 걸으며 그들과 함께 성전으로 들어가면서 걷기도 하고 뛰기도 하며 하나님을 찬송하니 모든 백성이 그 걷는 것과 하나님을 찬송함을 보고 그가 본래 성전 미문에 앉아 구걸하던 사람인 줄 알고 그에게 일어난 일로 인하여 심히 놀랍게 여기며 놀라니라

행 3:3-10

성전 미문에 앉아있던 사람은 나면서부터 다리가 아팠다. 베드로의 이야기를 통해 생각해보면, 아픈 사람이 원했던 건 베드

로에게 없었던 은과 금이 아니었을까 싶다. 쉬운성경은 4절 상반절을 "베드로는 요한과 함께 그 사람을 눈여겨본 후에"라고 번역했다. 그 후 진행된 일을 생각하면, 베드로가 그를 본 것은 그에게 진정으로 필요한 걸 주기 위해서였다. 그에게는 은과 금도 필요했지만, 아픈 다리의 회복이 필요했다.

하지만 가장 필요했던 건 그를 고치고 구원하시는 나사렛 예수 그리스도의 이름을 믿고, 찬양하는 거였다. 아픈 사람은 베드로의 믿음의 기도를 들으신 예수님의 역사하심으로 고침을 받고 하나님을 찬양했다.

구체적인 필요를 알아가기까지

문제 상황에서 내가 원하는 결과가 있다. 얼른 상황이 좋아져 평안한 일상을 회복하는 것이다. 하지만 그 결과를 얻기 위해 문제를 해결하고자 하면 믿음이 흔들릴 수 있다. 믿음이 연약해지는 것은 내가 원하는 결과가 나오지 않을까 봐 두렵기 때문이다. 우리가 겪는 문제는 예수님을 믿는 믿음으로 그분의 역사와 은혜를 입어야 비로소 해결된다.

그래서 문제를 대할 때, '믿음을 연약하게 만드는 두려움'이 무언지 살펴서 알 필요가 있다. 그것만 믿음으로 제어해도 문제가 상당히 작아지고 진정 필요한 게 무언지 알 수 있다.

두려움이 물러가도록 믿음을 위해 기도하면 문제 상황에서 내가 무엇을 어려워하고 있는지 알게 된다. 진정으로 필요한 것은 결과지만, 그에 대한 두려움으로 현재 삶이 겪는 고통을 어려워하는 것이다. 이것을 알면 진정 필요한 걸 위한 기도가 시작된다. 원하는 결과가 나오지 않을까 봐 두려워하는 마음을 만져주시고 회복시켜주시도록 기도하게 된다.

그렇게 고통을 다스리고 두려움 없이 문제를 보면, 문제가 비교적 단순해진다. 무엇이 중요한지 알게 된다. 가장 중요한 건 남의 평가나 시선이 아니다. 삶은 그 자체로, 관계는 결과와 상관없이 소중하다. 그렇기에 서로 사랑하며 행복하게 살 수 있다. 이런 좋은 결과를 위해 기도하며 믿음으로 최선을 다하게 된다.

진정한 필요, 구체적인 필요를 위해 기도하기 시작하면 문제를 대하는 과정에서 소소한 은혜를 입는다. 무엇보다 '내면의 강건함'을 얻는다. 예수님을 믿고 의지하면 더 이상 사람들과 결과에 휘둘리지 않는다.

과정은 단순히 결과를 내기 위해 지나는 시간이 아니다. 그 과정을 예수님과 동행하며 믿음으로 살아낼 때 진정 삶이 풍성하고 행복해진다.

응답을 위한 구체적인 기도

믿음의 사람

자녀의 졸업이 거절된 것을 계기로 오히려 더욱 강건한 믿음으로 가정 사역을 감당하게 된 이 집사님은 점점 구체적인 기도로 나아갔다. 재정 압박을 믿음으로 다스리며 자녀의 믿음과 학업을 위해 기도로써 문제에 대응했다.

목사님,

이전부터 기도해주시고

여전히 기도해주심에 감사드립니다.

미래에 대한 두려움과 둘째의 상태로 인해

몹시 힘들었습니다.

예전에 예수님에게 매달렸던 감각도

모두 상실한 것 같았고요.

주일 설교에 목사님이
안정감이 욕심을 일으킬 수 있다고 하셨는데
제겐 아이들의 졸업이 안정감이었던 것 같습니다.
제 안정감은 예수님이어야 하는데 말이죠.

이제 집사님은 안정감을 예수님에게 두고 두려움이 아니라 믿음으로 기도하는 것 같았다. 그래서 나는 자녀가 졸업 문제로 교무담당자를 만날 때, 은혜가 있도록 구체적으로 기도하자고 말했다. 나도 그 만남 안에서 역사하실 예수님의 도우심을 간절한 마음으로 구했지만, 응답이라고 할 만한 내용이 떠오르진 않았다. 그래서 나중에 연락해봐야겠다고 생각했다.

집사님과 통화하며 교무담당자를 만나는 것에 대한 구체적인 기도가 있었는지 물었다. 집사님은 가난한 마음으로 아들을 위해 기도하고 있고, 아들이 졸업하지 못하더라도, 가서 아들을 위해 따뜻한 밥을 해서 꼭 먹이고 싶은 마음이라고 했다. 확실히 지난번 두려움은 아니었다. 그래도 다시 부탁했다.

"제가 응답을 받지는 못한 것 같은데, 집사님의 믿음이 이번 사역에 중요하니 꼭 응답을 구해보면 좋겠습니다."

그리고 조금 망설여졌지만, 내 생각을 말했다.

"교무담당자를 만날 때, 그가 졸업에 대한 해결책을 가져오면 좋겠다는 생각이 들었습니다."

당장 졸업하게 해주지는 않더라도 방법을 제시해주면 좋겠다고 말했다. 조금 더 나가서 교무담당자가 호의를 베풀 수 있게 해달라고 기도하자고 말했다.

얼마 뒤 집사님에게서 문자가 왔다.

목사님이 기도해주셨던 대로
학교에서 구체적인 해결책을 제시했습니다.
청원하라는 거였는데,
희망적으로 말하지는 않은 것 같지만
그래도 현 상황에서 구체적으로 할 수 있는 방법이어서
아들이 청원서를 잘 작성해보겠다고 합니다.

수요기도회

내가 집사님에게 말했다.

"둘째를 돌보느라 힘드시겠지만, 줌으로 진행하는 수요기도회에서 집사님을 위해 같이 기도했으면 좋겠습니다. 오실 수 있으면 오세요."

집사님은 기도회에 참석하여 지금까지의 상황과 어떻게 기도해왔는지를 나눠주었다. 상황과 기도 내용을 듣고 집사님, 권사님들과 함께 어떻게 기도할지 나누었다. 주된 의견은 하나님께서 불쌍히 여기셔서 은혜를 주시고 청원서에 하나님의 긍휼함이 담기도록 기도하자는 것이었다. 또 청원서를 보고 결정을 내리는 학교 이사 다섯 명 중에서 학생 입장을 이해하고 도와주는 이가 있도록 기도했다.

목사님,
주님이 지금 상황을 어떻게 인도하실지 알 수 없지만,
이 주 전에는 문제가 10.0의 강도로
저를 두려움에 어찌할 바를 모르게 했다면,
지금은 제 원함과 다르게 인도하셔도
예수님의 뜻은 언제나 선하심을 믿기에
백 퍼센트는 아니더라도
1.0의 약간의 흔들림만 있을 것 같아요.
예수님의 은혜를 경험하고 있습니다.
제게 다시 기도 시간을 갖게 하시고
도우시는 예수님에게 감사를 드립니다.

학교 측에서는 네 과목 정도를 더 들으면 졸업할 수 있도록 청원서를 한 번 더 제출하라고 권면했다. 집사님은 아들이 많이 차분해진 것 같다고 알려주었다. 그래도 다행이었다. 졸업이 안 된다고 해서 놀랐는데 같이 기도할 수 있어서, 무엇보다 집사님이 믿음으로 기도하고 사역할 수 있어서 감사했다. 함께 기도할 때, 사업하는 한 집사님이 자녀를 만나러 가는 집사님에게 헌금도 해 주었다. 모두가 위로받았다.

기도의 방향

문제 해결을 위해 기도한다는 것은, 기도로써 문제를 해결해 가는 기도 방향을 설정한다는 의미이기도 하다.

차를 타고 목적지로 갈 때, 어떻게 가야 할지 찾는 것처럼, 기도도 방향 설정이 필요하다. 목적지까지 세밀한 길을 다 알지는 못해도 대체로 어떤 방향으로 나아가야 할지 생각하고, 꾸준히 기도하며 그 방향으로 나아가야 한다. 기도의 방향 설정은 문제가 해결될 때까지 기도 중에 길을 잃을 때마다 경고해주고 다시 방향을 잡도록 도와줄 것이다.

이 집사님의 경우, 최종 목적지는 당연히 '아들의 졸업'이다. 하나님께서 은혜를 베푸실 때까지 성실하게 인도하심 받는 과정을 잘 감당할 필요가 있다. 중간에 흔들려도 선하신 하나님을 신뢰하고 마음이 다른 길로 가지 않도록, 낙담하거나 약해진 믿음으로 결과를 위해 허둥지둥하지 않도록 성실하게 나아가야 한다. 집사님은 이제 그렇게 방향을 정한 것 같았다.

최종 목적지를 향해 가려면, 먼저 기도를 통해 문제의 당황스러움과 도전받은 연약함을 객관적으로 이해하고 다루는 게 필요하다. 마치 먼 길을 가기 전에 차의 약한 부분이 고장 나지 않도록 정비하는 것과 비슷하다.

　집사님은 먼저 '안정감'을 다루었다. 자녀의 졸업이 안정감이 아니라 예수님이 안정감의 근원임을 확인했다. 이 문제를 기도로써 다루는 내내 집사님은 안정감을 예수님에게 두어야 함을 떠올릴 것이다. 예수님보다 졸업이 중요해져서 안정감이 흔들리면 금세 길을 잃었음을 인지하고, 안정감을 예수님에게 두기를 고백하며 안정감을 되찾을 것이다.

　다음으로 집사님은 '예수님의 선하심에 대한 신뢰'를 다루었다. 결과에 대한 부담이 10.0에서 1.0으로 처음보다 십 퍼센트로 줄었다. 그것은 상황이 조금 나아진 것도 있지만, 예수님의 은혜를 경험하며 그 안에서 그분의 선하심을 신뢰하게 됐기 때문일 것이다. 가족들을 인도하시는 예수님의 선하심, 살아계셔서 역사하시는 그분을 만난 것이다. 사역하는 내내 예수님의 선하심이 더 분명해지도록 계속 기도로 붙잡아야 한다.

　마지막으로 집사님은 '예수님에게 매달리는 기도의 감각'을 회복하고 유지했다. 삶의 큰 문제를 기도로써 예수님의 도움을 받아서 지나가는 건 문제 해결에만 의미가 있지 않다. 이를 통해 믿음이 성장하고, 기도의 능력을 경험한다. 문제가 해결되면 다시 옛 일상으로 돌아가는 게 아니라, 더 성장한 믿음으로 모든 영역에서 예수님의 능력을 경험하는 기도의 삶이 된다.

교무담당자를 만나고, 청원한다는 것

은혜가 회복된 것에서 기도를 멈추지 말아야 한다. 더 본격적으로 구체적인 필요에 대한 기도로 나아가야 한다. 은혜가 회복되면 기도 내용이 더 풍성하고 세밀해지는 경우가 많다. 그러면 예수님의 성품과 능력이 우리의 기도 속에 더 강하게 역사하신다.

마치 내가 궁금한 것에 대해 잘 알고 있는 친절한 선생님을 만나서 물어보는 것처럼, 겸손하게 배우는 마음으로 문제에 대해 궁금한 것을 여쭈며 기도한다. 어떤 마음으로 교무담당자를 만나고, 청원서를 작성해야 하는지를 기도하며 구하는 것이다.

이 집사님은 자녀에게 수요기도회가 끝나면 청원서를 작성하도록 말해두었다고 했다. 아마도 기도회에서 나온 기도 내용들을 자녀에게 설명하고 청원서를 작성하도록 하지 않았을까 싶다. 기도하면서 청원서를 작성하고 교무담당자를 만나도록 말이다.

보혜사 곧 아버지께서 내 이름으로 보내실 성령 그가 너희에게 모든 것을 가르치고 내가 너희에게 말한 모든 것을 생각나게 하리라

요 14:26

이와 같이 성령도 우리의 연약함을 도우시나니 우리는 마땅히 기도할 바를 알지 못하나 오직 성령이 말할 수 없는 탄식으로 우리를 위하여 친히 간구하시느니라 롬 8:26

또 기도할 때에 이방인과 같이 중언부언하지 말라 그들은 말을 많이 하여야 들으실 줄 생각하느니라 그러므로 그들을 본받지 말라 구하기 전에 너희에게 있어야 할 것을 하나님 너희 아버지께서 아시느니라 마 6:7,8

우리를 보호하고 변호해주시는 보혜사 성령께서 우리에게 모든 걸 가르쳐주고 생각나게 해주신다고 예수님은 말씀하신다. 이 말씀대로 우리는 성령께서 가르쳐주시는 걸 배울 수 있다.

성령께서는 우리 마음 안에 거하시면서(고후 1:22) 우리의 연약함을 돕고 기도하신다. 우리가 연약해서 기도할 바를 알지 못할 때도 우리를 위해 기도하시는 그분이 우리의 기도를 도와주신다. 그러니 우리가 어떻게 할지 모르는 상황에 대해 성령께서 지혜를 주시도록 기도해야 한다. 성경은 그것을 "의심하지 말고 구하라" 말씀한다.

너희 중에 누구든지 지혜가 부족하거든 모든 사람에게 후히 주시고 꾸짖지 아니하시는 하나님께 구하라 그리하면 주시리라 약 1:5

이방인들처럼 말을 많이 해야 내가 원하는 것을 얻을 수 있는 것처럼 기도해서는 안 된다. 예수님은 그렇게 기도하지 말라고 하셨다. 하나님 아버지께서 우리에게 필요한 걸 이미 알고 계신다. 그렇다면 우리의 기도는 우리의 필요를 아시는 아버지의 도움을 받고, 사랑을 받는 과정이어야 한다.

기도가 막연한 이유

관계와 기도

별로 친하지 않은 관계에서 하는 대화는 친밀하거나 세밀하지 않다. 간단한 대화만 진행되거나 막연한 말만 오간다. 기도도 마찬가지다. 기도는 나 혼자 말하는 게 아니다. 내 기도를 듣는 분이 계신다. 그 하나님께서 어떻게 생각하시는지 신경 쓸 필요가 있다. 기도는 주문이 아니다. 살아계셔서 역사하시는 나의 아버지이신 하나님께 드리는 고백이다.

여호와께서 자기를 위하여 경건한 자를 택하신 줄 너희가 알지어다 내가 그를 부를 때에 여호와께서 들으시리로다 시 4:3

우리는 관계의 정도를 안다. 친밀한 관계라면 관계의 내용을 세밀하게 알고 있다. 현재 맺고 있는 관계를 넘어서서 대화를 진행하고자 하면, 상대가 부담스러워하거나 조금 이상하게 생각할지 모른다. 별로 친하지 않은 관계인데 갑자기 친한 척하면서 무언가를 부탁하면, 상대의 마음이 상할 수도 있다. 이용하려 든다는 생각이 들기 때문이다.

내가 살아계시는 예수님과 어떤 관계 가운데 있는지 살피며 신중하게 기도하는 게 좋다. 예수님을 향해 진실하고, 그분을 기쁘시게 해드리고 싶은 마음으로 나아갈 필요가 있다.

구체적인 관계

그러므로 나는, 이제 여러분이 이렇게 살기를 바랍니다. 하나님께서 여러분을 도우실 것입니다. 여러분의 매일의 삶, 일상의 삶-자고 먹고 일하고 노는 모든 삶-을 하나님께 헌물로 드리십시오. 하나님께서 여러분을 위해 하시는 일을 받아들이는 것이, 바로 여러분이 그분을 위해 할 수 있는 최선의 일입니다. 롬 12:1 《메시지》

그러므로 형제들아 내가 하나님의 모든 자비하심으로 너희를 권하노니 너희 몸을 하나님이 기뻐하시는 거룩한 산 제물로 드리라 이는 너희가 드릴 영적 예배니라 롬 12:1

주일예배 찬양 인도를 집사님들이 돌아가면서 맡는다. 누구나 원하면 할 수 있다. 한번은 장 집사님이 찬양 인도를 맡았다. 찬양 인도는 누구나 할 수 있지만 자기가 원하는 대로 하면 안 된다. 예배는 하나님께 드리는 것이기에 '찬양은 당연히 하나님께 불러드리는 것'이라고 개척 처음부터 집사님들에게 가르쳤다. 그래서 비교적 신실하게 찬양을 준비해온다. 기도도 많이 하고 하나님께서 기뻐하실 찬양을 받아 연습해온다. 그 과정이 정말 신실하다.

그렇지만 항상 은혜가 있는 건 아니다. 그러면 나는 조금 괴롭다. 집사님들은 또 그걸 금방 눈치챈다. 그러고 나서 장 집사님은 그다음 찬양 인도를 정말 열심히 준비해왔다. 반주자와 연습하는 것부터 찬양 구성까지 세심히 준비한 게 분명했다. 그러나 여전히 무언가 허전했다. 예배를 드리고 나면 예배가 어땠는지 우리 모두에게 느낌이 있다는 게 괴롭다.

설교하고 나서가 더 그럴 것이다. 설교를 들어보면 금방 알 수 있다. 기도로 준비해서 하나님께서 기뻐하시는 설교를 했는지, 성도들도 은혜를 받았는지를 금방 느낄 수 있다. 찬양 인도도 마찬가지다. 그날 장 집사님은 조금 어려운 마음으로 돌아가는 듯했다.

내가 연락을 했다. 집사님은 내 연락을 기다린 듯 "열심히 준비했는데 뭐가 문제일까요?"라는 반응이었다. 나는 조심스럽고 짧게 말했다.

"정말 열심히 준비해오신 것 같습니다. 그런데 찬양 인도를 잘하고 싶었는지, 아니면 예수님에게 잘 불러드리고 싶었는지 한번 점검해보시겠습니까?"

그다음 장 집사님의 찬양 인도는 정말 놀랍고 은혜로웠다. 집사님은 연습할 때도, 예배 때도 사람을 의식하지 않았다. 예수님에게 준비한 찬양을 불러드린다는 마음으로 충만한 것 같았다. 우리는 모두 집사님의 인도를 따라 예수님에게 찬양을 불러드렸다. 은혜와 기쁨이 가득했다.

찬양이 끝났다고 느낄 때쯤, 집사님은 후렴 부분을 한 번 더 불렀다. 음 이탈이 있었지만, 나는 그 모습에서 가장 은혜를 받았다. 무언가 예수님에게 불러드려야겠다고 기도하고 받은 부분을 분위기나 자신의 노래 실력에 상관없이 불러드렸다고 느꼈기 때문이다. 예배 후에 다 함께 기뻐하며 은혜를 주신 예수께 얼마나 감사했는지 모른다.

일상에서의 기도

찬양 인도를 통해 기도하며 세밀하게 인도함 받는 걸 배운 장 집사님은 이사 문제로 더 배우게 되었다. 그동안 살던 빌라에서 아파트로 가기 위해 근처에 전철역이 있고, 가격도 적당한 아파

트 전세를 임시로 계약했다. 그런데 살고 있던 빌라의 세입자가
쉽게 구해지지 않아 결국 아파트 전세 임시계약금을 포기했다.

집사님은 그 과정을 문자로 내게 알렸다.

목사님,
이사 진행이 어려운 상황이 되어
마음이 매우 무거워요.
상의를 좀 드리고 싶은데
가능하실 때 전화 부탁드립니다.

오늘까지도 세입자가 구해지지 않아
결국 임시계약금을 포기하고 계약을 해지했어요.
미리 알고 감수한 부분이었지만 속상하네요.

보증보험에서 집의 공시지가를
낮게 책정해 보험 가입도 어렵다고 하네요.
시간이 좀 걸릴 것 같다고 해요.

나는 이렇게 답장했다.

집사님, 그래도 이렇게 차분히 대응해서 기쁘네요.

반드시 응답받는 구체적인 기도

수고 많았습니다.
예수님에게 방법이 있다는 믿음으로
방법을 찾아보면 좋을 것 같습니다.
기도합니다.

답장이 왔다.

감사합니다. 목사님.
저도 낙담하지 않고
예수님에게 계속 도움을 구하겠습니다.

통화하면서 집사님에게 무엇이 가장 어려운지를 물었다. 나는 당연히 '임시계약금 포기'라고 말할 줄 알았다. 그런데 집사님은 아파트에 살지 못하는 게 마음이 어렵다고 말했다.

나는 조금은 따뜻하지만 분명하게 말해주었다.

"당연히 아파트에 살 수 있지요. 더군다나 집사님이 구하시는 곳은 최근에 아파트 공급 물량이 많은 도시여서 금방 좋은 아파트를 찾을 수 있을 거예요."

임시계약금이라는 수업료를 내고 삶의 지혜를 배운 것이지, 아파트에 사는 게 거절당한 건 아니니 걱정하지 말라고 말해주었다. 얼마 후, 집사님에게서 기쁜 연락이 왔다.

드디어 우리 집에 들어올 세입자를 구했어요.

여러 상황 가운데서

무엇을 배워야 하는지 기도하게 되었어요.

또한 '어디서 사는가'보다 남편을 더 잘 섬기며

행복한 가정을 이루는 게 중요하다는 것과

아브라함처럼 믿음으로 잠잠히 기다리길 바라시는

하나님의 마음을 조금 알게 되었어요.

그렇게 할 수 있게 도와주시길 기도하는 시간이었습니다.

집주인에게도 별말 하지 않고 기다렸더니

집 구할 시간을 배려해주었네요.

인천에 새로운 집을 급히 알아보는 중인데

이 과정도 하나님을 신뢰함으로

남편과 상의하며 즐겁게 해보려고 합니다.

기도 부탁드려요.

결국 집사님은 적당한 아파트를 구해서 전세로 계약했다. 예수님에게 찬양을 불러드리기 위해서는 살아계신 예수님 앞에서 나의 삶을 기반으로 한 진실한 관계 맺기가 우선이다. 일상에서 예수님과 아무 관계 없이 살다가 내가 부르고 싶은 찬양을 멋대로 부르면 안 된다.

이것은 찬양을 부를 때만 해당하는 게 아니다. 장 집사님처럼 일상에서 집을 구하는 문제마저도 예수님과 동행하고 기도하며 감당해야 한다. 예수님 앞에서 찬양을 부를 때, 내가 일상에서 그분과 어떤 관계인지 외면할 수 없다. 마찬가지로 이사 문제나 일상의 모든 문제에서도 예수님과 진실한 관계를 맺으며 그분을 기쁘시게 하는 믿음으로 도움을 받아 문제를 해결해야 한다.

구체적인 마음으로 가기까지

장 집사님은 기도를 구체적으로 할 때, 먼저 낙담을 다스렸다. '나는 아파트에 살지 못하는 건가?' 하는 마음은 믿음을 약화한다. 다행히 집사님은 믿음을 지켰다.

익숙하지 않은 상황에서 실수로 일이 잘 안 될 때, 하나님께서 거절하셨다고 생각하는 경우가 있다. 실수는 살아가면서 배우면 된다. 아파트는 새롭게 찾으면 된다. 예수님이 우리를 도우신다.

수요기도회 때 불렀던 찬송가 가사 중 일부다.

"주 안에 기쁨 있네 주 안에 살자… 불안이 연기처럼 스며들어도 주 안에 사는 마음 기쁨 넘치네."

아파트에 사는 것보다 남편과 함께 믿음으로 섬기며 행복하게 사는 게 더 중요하다는 가난한 마음이 집사님에게 일어났다. 정말 좋은 마음이다. 그렇게 기도하며 남편과 더 행복한 마음으로 서로 의지했을 것이다.

나도 살아보니 '집은 아내와 아이들의 것'이라는 생각이 들었다. 집이 주는 안정감이 가족에게 얼마나 소중한지 알았다. 집사님은 그 부분이 흔들려도 집에서 오는 안정감이 아니라, 남편과 함께 섬기며 행복하게 살아가는 데 더 마음을 둔 거였다.

아파트를 달라고 하면 기도도, 응답도 막연하다. 그러나 가족과 함께 서로 섬기며 살 공간을 구하는 것은 꼭 필요하고 간절하고 소중한 기도 제목이다.

그렇게 가난한 마음으로 기도하다 보니, 집주인과도 좋은 관계를 지킨 것 같다. 부동산 업자와도 마찬가지였을 거다. 예수님을 믿는 믿음으로 주변 사람들과 관계를 지키는 건 마음의 중심이 어디에 있는지 가장 잘 보여주는 모습이다. 내가 원하는 걸 이루고자 서두르면 관계를 이용하게 되고, 뜻대로 안 되면 누구와도 어려워질 수 있다.

집사님은 아브라함처럼 믿음으로 기다릴 필요가 있다는 응답을 받았고, 응답대로 집 문제를 해결받았다. 응답받기까지 얼마나 소중한 시간을 보냈는가! 앞으로 삶의 다른 영역에서도 이번에 배운 걸 자연스럽게 적용하며 기도한다면 더 풍성한 응답이 있을 것이다.

기도가 교정되기까지
거쳐야 하는 믿음의 과정

믿음 좋은 아내는 어떤 기도를 할까?

아내들아 이와 같이 자기 남편에게 순종하라 이는 혹 말씀을 순종하지 않는 자라도 말로 말미암지 않고 그 아내의 행실로 말미암아 구원을 받게 하려 함이니 너희의 두려워하며 정결한 행실을 봄이라 너희의 단장은 머리를 꾸미고 금을 차고 아름다운 옷을 입는 외모로 하지 말고 오직 마음에 숨은 사람을 온유하고 안정한 심령의 썩지 아니할 것으로 하라 이는 하나님 앞에 값진 것이니라 벧전 3:1-4

남편이 구원받기까지 믿음 좋은 아내가 말이 아닌 행실로 복음을 전한다면, 성령님의 권능을 받아 예수님의 성품과 능력이 아내를 통해 남편에게 전달될 것이다. 그러려면 남편에게 순종하기 위한 기도가 가장 우선되어야 하지 않을까.

아마도 믿음 좋은 아내가 소망하며 그리는 결혼과 가정에 대한 그림이 처음부터 실현되지는 않을 것이다. 결혼 전에 안 믿는 남편에게 순종하는 그림을 꿈꾸지는 않았을 테니까.

베드로전서 3장의 믿음 좋은 아내도 점점 남편에게 순종하며 복음 전하는 일들이 많아졌을 것이다. 그러기 위해 아내는 말씀에 순종함이 없고 자기 마음대로 하는 남편을 향한 원망을 다루는 기도가 필요했을 것이고, 그런 남편에게 믿음 좋은 자신이 왜 순종해야 하는가에 대한 괴로움도 기도로 다루었을 것이다.

그러나 때로 아내가 순종하는 행실을 통해 복음을 전했을 때, 남편이 변화를 보이면 아내는 무척 기뻤을 것이다. 그런 것을 몇 번 경험하면 그때부터는 사역을 본격적으로 하게 된다. 기도가 바뀐다. 한마디로 사역자의 기도가 된다.

그전에는 자신이 원하는 것이 이루어지도록 기도하거나, 소원이 이루어지지 않아 괴로움이 있을 때 기도하는 정도였다면, 이제는 마음의 관심사가 예수님의 뜻을 따라 그분의 성품과 능력을 전하는 복음의 통로가 되는 것에 집중하게 된다.

그리고 사역이 잘되었는지 안 되었는지를 분별할 수 있다. 사역을 잘 감당하게 해달라는 기도를 주로 하게 된다. 그런 아내는 사역이 잘되었을 때, 남편과 함께 예수님의 성품과 능력 안에서 행복한 삶을 경험한다. 자주 흔들리기는 하지만 삶과 기도의 방향이 사역으로 완전히 잡히게 된다.

가정에 대한 그림

베드로전서 3장의 믿음 좋은 아내가 남편과 함께 이루고 싶은 행복한 가정의 그림이 있었을 것이다. 하지만 막상 결혼하자 안 믿는 남편이 말씀에 순종하지 않는, 믿지 않는 사람의 자기중심적 문제들에 부딪히며 꿈꾸던 가정의 그림이 아닌 것에 실망했을지 모른다.

그러나 실망하기에는 이르다. 아직 사역이 남아있기 때문이다. 가정에 대한 진정한 그림, 사역을 통해 나오는 그림이 있다.

앞서 말했던 은 집사의 경우, 동생을 섬기고 어머니를 돌보면서 점점 가정 사역이 안정되어 갔다. 어머니는 건강을 회복하여 집에서 음식도 준비하고 자녀들을 돌보는 예전의 삶을 많이 되찾았다. 은 집사도 이제 동생 때문에 힘들다고 말하지 않는다. 여전히 힘든 부분이 있겠지만 그것이 삶의 주요한 부분이 되지 않는 것 같다. 관심사가 일의 올바름에 관한 시시비비가 아니라, 사역이 되고 있는지 안 되고 있는지로 옮겨간 것이다.

어머니의 갑작스러운 병환으로 시작된 가정 사역이 은 집사가 본래 꿈꾸던 가정의 그림을 알게 해주었다. 그녀는 행복한 가정을 꿈꿨다. 누구나 다 그런 꿈이 있을 것이다. 어머니가 아프면서는 정말 힘든 상황이 되었지만, 은 집사가 사역하면서 가정에 성령님의 권능이 항상 머물게 되었다. 대단한 사람이 대단한 사역을 해야만 권능이 임하는 게 아니다. 단순하고 소박하게 예수님을 증거하는 삶, 가정에서 예수님의 성품과 능력을 전하는 사역을 하면 성령께서 권능으로 함께하신다.

은 집사는 학자이기에 가정이 평안해지면 다시 공부하든, 아이들을 가르치든 할 것이다. 그에게는 자신만의 삶의 그림이 있다. 삶의 그림이 가정을 섬기면서 뒤로 밀려난 건 아닐 것이다. 가정에 대한 그림이 점점 더 분명해졌을 뿐이다.

많은 사람이 행복한 가정을 꿈꾸고, 그렇지 않으면 불행하다고 느끼는 데 머무른다. 가정이 어떻게 되었으면 좋겠다는 생각은 있지만 구체적인 그림은 없다.

그런데 사역하면서는 가족 관계 안에 점점 예수님 중심의 관계가 형성된다. 그러면 일상에서 문제가 있을 때나 평안할 때나 서로 어떻게 살아야 할지 일정한 삶의 내용이 생긴다. 마치 교회에서 예배드릴 때 항상 일정한 은혜를 지키고 누리기 위한 교회 생활의 내용이 생기는 것처럼. 그럴 때 교회를 생각하면 은혜로운 그림이 떠오르며 기대가 된다.

가정도 사역자가 사역하면 항상 누리는 일정한 은혜가 있다.

가족들은 그 은혜를 지키기 위해 서로 일정한 삶의 내용과 사역을 함께한다. 그런 은혜의 삶이 공격받을 때는 회복하기 위해 같이 사역에 관해 의논하기도 할 것이다. 그림은 그런 거다.

사역이 지속되면서 나중에는 자연스럽게 은혜를 기대하고 누리게 되며, 생각만 해도 은혜로운 사역의 내용이 그려진다.

단순히 가정의 그림만 분명해지는 건 아니다. 가정을 섬기는 사람의 부르심이 더 분명해질 수 있기 때문이다. 사역을 해야 삶의 그림이 확실해진다. 사역하고, 사역을 위해 기도하는 건 자신의 삶을 더 분명하게 만들어가는 과정이다. 사역을 통해 가정의 그림이 나오듯이 삶의 그림도 사역을 통해, 은혜로운 삶의 내용을 통해 명확해진다.

선교적 교회에 대한 그림

나는 이십 대부터 '선교적 관점의 교회 개척'이라는 부르심을 따라왔다. 사실 선교적 교회가 어떤 교회인지 정확한 그림이 없었다. 온누리교회 같은 교회가 되면 좋겠다고 생각했다. 선교하는 교회이기 때문이다.

계속 그런 교회를 꿈꾸며 사역했지만 그렇게 되지 않았다. 도무지 그림이 나오질 않았다. 그렇게 교회가 성장하길 바라는 마음에는 어떤 응답도 없었고, 심지어는 기도도 잘되지 않았다. 그러니 기도나 사역이 그 방향으로 계속될 수도 없었다. 주어진 상황에서 최선을 다해 사역을 진행하는 것 외에 방법이 없었다.

나는 사람들의 문제로 들어가서 같이 도와야 했다. 선교적 교회로서 선교 프로젝트를 크게 진행하고 싶었는데, 정작 현실의 사역은 사람들이 삶 속에서 만나는 수많은 문제를 돕는 것이었다. 그렇게 정말 정신 없이 사역을 감당했다. 그런데 어느 순간에 보니, 사람들이 점점 사역자의 삶으로 변화되었다. 기도하며 자신의 문제를 다루기 시작했다.

점점 대화의 내용이 "급한 일이 생겼어요"가 아니었다. 문제가 있는데 어떻게 기도하며 사역해야 할지 함께 기도로써 동역했다. 그제야 알았다. 터널을 지나는 듯했던 지난 십 년이 흘러서야 그림이 나왔다.

'아, 선교적 교회는 한 사람 한 사람이 일상에서 사역자가 되는 거구나. 그렇게 사역자들이 모여서 사역하는 교회가 되는 게 하나님께서 교회를 향해 갖고 계신 계획, 비전, 그림이구나.'

그동안 선교적 교회가 되게 해달라고 기도했고, 교회의 방향도 그렇게 되게 하려고 힘을 썼다. 그러나 마음속으로는 선교하는 큰 교회, 규모 있는 선교 프로젝트를 진행하고 싶었다. 이 기도는 응답되지 않았다. 대신 한 사람 한 사람의 문제를 붙들고 씨름하며 사역을 진행했을 때, 어느 순간부터 선교적 교회의 그림이 보이기 시작했다. 이제는 기도와 사역의 방향이 분명하다. 일상에서 사역하는 사역자들이 일어나고, 그렇게 사역이 도시에서 진행되도록 섬기는 것이다. 사역이 진행되고, 결과가 나오고, 기도와 사역이 더욱 선명하게 진행되니 당연히 응답도 선명하다.

선명한 계획

기도가 다시 막연해지는 이유

믿음으로 상황이 주는 두려움을 제어하고 기도로 나아가다가 다시 믿음이 연약해지고, 상황에 대한 두려움이 도로 커져서, 믿음의 기도가 중단될 수 있다. 보통은 결과에 대한 두려움이 생길 때 믿음이 연약해진다. 기도를 통해 어느 정도 마음은 회복되었지만, 아직 결과를 알지 못할 때, 내가 원하는 결과가 아닐 것 같은 낙담이 오면 기도가 막연해진다.

그래서 기도는 '결과'를 위한 것이라기보다는 어떤 결과가 오든지 예수님을 믿고 강건하게 살아갈 수 있다는 '담대한 믿음'을 위한 것이기도 하다. 결과는 예수님 주권에 속한 영역이다. 내가 어떻게 할 수 있는 게 아니다. 내가 할 것은 믿음을 강건하게 지키는 것이다. 믿음의 도전이 올 때마다 믿음을 강건하게 지키는 기도를 계속해야 한다.

반드시 응답받는 구체적인 기도

믿음이 연약해지면 예수님을 의지하는 가난한 마음도 사라진다. 상황이 어려울 때, 나를 위로하고 도와주셨던 예수님을 향해 감사한 마음이 아니라, '내가 원하는 결과가 아니라면 무슨 소용인가?' 하는 마음이 든다.

당연히 사람들과의 관계도 다시 어려워진다. 같은 마음으로 기도해주는 사람들도 소용없는 것 같고, 내가 믿음의 기도로 섬겨야 하는 사람들도 귀찮아진다. 인생이 허무하고 의미 없게 느껴진다. 결국 '왜 내 인생은 항상 이런가?' 하는 자기 연민에 빠진다.

믿음이 살아있고, 기도가 살아있는 한, 예수님의 역사는 계속된다. 상황이 제멋대로 흘러가지 않는다. 예수님이 상황을 결정하신다. 단, 우리의 믿음을 보고 결정하신다. 그러므로 우리는 그분을 신뢰함으로 계속 나아가야 한다.

너희의 마음이 둔하냐? 또 기억하지 못하느냐?

제자들이 서로 수군거리기를 이는 우리에게 떡이 없음이로다 하거늘 예수께서 아시고 이르시되 너희가 어찌 떡이 없음으로 수군거리느냐 아직도 알지 못하며 깨닫지 못하느냐 너희 마음이 둔하냐 너희가 눈이 있어도 보지 못하며 귀가 있어도 듣지 못하느냐 또 기억하지 못하느냐 내가 떡 다섯 개를 오천 명에게 떼어줄 때에 조각 몇 바구니를 거두었더냐 이르되 열둘이니이다 또 일곱 개를 사천 명에게 떼어줄 때에 조각 몇 광주리를 거두었더냐 이르되 일곱이니이다 이르시되 아직도 깨닫지 못하느냐 하시니라 막 8:16-21

예수님은 떡 다섯 개로 오천 명을, 떡 일곱 개로 사천 명을 먹이셨다. 하지만 제자들은 떡이 없을 때 또다시 수군거렸다. 마음이 둔해져서 그 일들을, 예수님의 성품과 능력을 기억하지 못한 것이다.

내게 묵상 모임에 더 이상 오지 않아도 된다고 했던 집사님이 어느 주일 오후, 모두가 돌아간 시간에 묵상 모임을 다시 같이 해달라고 부탁했다. 나는 흔쾌히 즐겁게 해보자고 말했다. 그리고 시간이 지나 묵상 모임을 같이 하게 되었다.

아침 일찍 성남으로 가서 스타벅스의 따뜻한 아메리카노와 카스텔라, 치즈볼 같은 것을 준비했다. 전날 저녁에 집사님이 묵상 본문 정하는 걸 고민하는 것 같아, 이번 묵상 모임은 따뜻하게 교제하는 시간을 가지면 어떻겠냐고 제안했다.

우리는 그동안 묵상 모임이 어땠는지 이야기를 나누었다. 다들 따뜻한 모임이었다고 했다. 다행이다. 묵상 모임도 중요하지만, 그 따뜻함을 지키는 게 중요하다고 말했다.

그렇다고 마냥 그것만 추구하자는 말은 아니었다. 그러면 항상 은혜를 주시는 예수님의 따뜻함이 도전받을 수 있기 때문이다. 즉 예수님보다 서로의 분위기만을 우선할 수 있다는 거다. 하지만 우선순위를 분명하게 하면, 분위기를 먼저 생각하려는 도전을 받아도 예수님이 주시는 따뜻함을 유지하며 사역할 수 있다.

거듭 말하지만, 사역은 예수님의 성품과 능력을 경험하는 것이다. 사역 자체보다는 사역을 통해 예수님을 경험하는 게 더 의미 있다. 그래서 언제나 은혜를 주셨던 예수님과 그분의 성품과 능력을 기억해야 한다. 단순히 사역만 반복해선 안 된다. 사역을 통해 역사하시는 그분을 기억하고 경험하기를 반복해야 한다.

우리는 모두 따뜻한 묵상 모임을 경험했다. 좋으신 예수님이 주시는 은혜를 경험하면, 그 은혜를 사모하게 된다. 은혜보다 더 소중한 건 없다.

그러나 상황에 마음을 빼앗기면 다시 마음이 둔해진다. 역사하시고 은혜를 주셨던 예수님의 성품과 능력을 기억하지 못한다. 그래서 항상 예수님의 성품과 능력을 기억하고 구하는 기도를 먼저 해야 한다. 기도하면 은혜를 주시고 예수님의 따뜻하심과 돌보심을 경험할 수 있다. 그 기도가 사라지지 않게 해야 한다.

예수님이 답답해하시는 건 상황의 어려움이나 그분의 능력에 관계된 게 아니다. 오직 제자들의 마음과 기억에 관한 것이다. 이를 통해 우리의 기도가 어디에 초점을 두어야 하는지 생각할 수 있다.

집사님이 묵상 모임 후 밴드에 이런 글을 올렸다.

묵상 모임이 지난봄 따뜻함으로 시작했는데
이제 풍성한 가을이 되었습니다.
오랜 시간을 걸쳐 제 상태를 알아차리는
시간을 보낸 것 같습니다.
문제를 바라보는 제 관점이 문제 해결에만 있었는데,
이제는 상황에서 벗어나 문제 해결보다
예수님을 따르는 믿음의 문제임을 알게 되었습니다.
'언제나 주님과 진실한 관계를 원하시는구나.'
죄책감에 예수님 앞에 나아가기가 부끄러웠는데
이제는 그분의 따뜻함을 발견하고
그 성품과 기쁨을 누리는 시간을 경험하면서
지속적인 안정감 안에서 주님과 깊은 교제의 시간으로
나아가길 소망합니다.
묵상 모임은 편안하고 따뜻하며 용납되는 시간이었습니다.
언제나 용납해주시는 참 좋으신 나의 주님을 깊이 느꼈습니다.
그런 보호 아래 있음에 감사드립니다.

반드시 응답받는 구체적인 기도

집사님은 묵상 모임을 통해 예수님의 성품과 능력을 경험하고 기억한 것 같았다. 다음 묵상 모임에 가서는 커피와 빵을 준비해 주고 따뜻한 모임이 되도록 격려한 후 나오려고 한다. 이제는 집사님 스스로 예수님의 성품과 능력 안에서 잘할 수 있을 것이다.

내 기도를 내가 모른다

내가 원하는 선명한 결과가 있더라도 결과가 어떻게 될지는 아무도 모른다. 물론 내가 할 수 있는 간단한 일이라면 내가 원하는 결과를 기대하고 이룰 수 있다. 그러나 우리가 기도해야만 하는 일들, 우리를 힘들게 하는 능력 밖의 일들은 그 결과를 알 수 없다.

그럼에도 내가 원하는 결과가 나오기만을 기도하는 건, 예수님이 어떤 방법과 결과를 염두에 두고 계신지 모르고 하는 기도가 될 수 있다. 기도하는 내용을 모른다는 게 아니라, 내 기도를 들으시는 예수님의 주권에 어떻게 반응하며 기도해야 하는지 그 방법을 모르는 것이다.

우리가 기도한다고 해서 예수님의 주권에 속한 영역을 알 수는 없다. 단지 조금 더 신중하게 예수님의 주권을 인정하며 은혜를 구하는 기도는 할 수 있다. 기도해도 응답이 없는 것 같은 막막함이 있다면 기도 내용을 바꾸든지, 아니면 지금 필요한 과정을 지나는 중임을 알아야 한다. 결과만 위해 기도하면 과정을 놓치기 때문이다.

선교적 교회가 되려면 성도가 일상에서 사역할 수 있어야 했다. 교회의 주인이신 예수님은 명신교회가 선교적 교회가 되도록 그 방향으로 계속 인도하셨다. 이제야 나는 그것을 알아차리고, 그 방향에 맞게 기도하며 사역하는 중이다.

지난 시간은 선교적 교회로의 부르심을 이루기 위해 일상의 사역이 가능하도록 함께 사역하는 동역자들로 자라는 기간이었다. 그런데 내가 이 과정을 몰랐기에 교회의 규모를 고민하고, 선교 프로젝트를 언제쯤 시작할 수 있을지 기도했던 거였다.

응답이 선명하지 않은 이유

예수님의 계획과 방법을 잘 모르고, 내가 진정 원하는 것도 잘 모른 채 큰 틀만 갖고 기도하면, 응답이 선명하지 않다.

교회 규모가 얼마나 될지 전혀 감이 안 오고, 기도해도 응답이 없었지만, 묵상 모임을 어떻게 할지는 금방 마음이 부어져 기도한 대로 따뜻한 시간을 보낼 수 있었다.

확실히 기도는 내가 원하는 것을 얻기 위해 내 의지와 뜻으로 하는 게 아니다. 예수님의 뜻을 신중하게 구하면서 지금 응답이 있는 것에 대해 계속 기도할 필요가 있다. 등대를 옮길 수는 없다. 등대가 비추는 쪽으로 배가 움직여야 한다.

예수님의 응답에는 그분의 성품과 능력이 있다. 그래서 예수님이 은혜를 베푸셔서 문제가 해결되면 그분을 경험한다. 그러나 내가 원하는 응답에는 예수님의 성품과 능력보다 원하는 결과를 위한 내 욕구가 있다. 다시 말하지만, 기도는 내 욕심을 말하는 수단이 아니라 예수님의 뜻을 이루는 과정이다.

선하신 예수님은 우리가 기도할 때 점점 그분의 성품으로 은혜를 베푸신다. 기도 중에 예수님이 나를 얼마나 사랑하고 보호하시는지를 알아갈 때 감격하게 된다. 하지만 결과에 매달리면 정작 그 중요한 걸 놓친다. 그러니 언제나 그분의 성품과 능력을 구하고, 그 안에 머물러야 한다.

내가 원하는 결과는 항상 모호하기에 마음을 복잡하게 만든다. 그러나 예수님의 성품과 능력은 언제나 확실하다. 은혜를 베푸실 때마다 확실히 느낄 수 있다. 우리의 기도도 예수님의 성품과 능력 안에서 명확해진다.

모든 기도와 간구를 하되 항상 성령 안에서 기도하고 이를 위하여 깨어 구하기를 항상 힘쓰며 여러 성도를 위하여 구하라 엡 6:18

기도가 성령님 안에 있는지를 늘 점검할 필요가 있다. 은혜가 없고, 막막한 느낌이 들면 다시 성령님의 뜻과 은혜 안에서 기도하도록 돌이켜야 한다. 성경을 읽을 때 은혜가 없으면 고민하듯이, 기도할 때 은혜가 없어도 당연히 고민해야 한다.

기도 응답의 인격적인 이해

기도 응답에 관한 생각들

예수께서 백부장에게 이르시되 가라 네 믿은 대로 될지어다 하시니
그 즉시 하인이 나으니라 마 8:13

침상에 누운 중풍병자를 사람들이 데리고 오거늘 예수께서 그들의
믿음을 보시고 중풍병자에게 이르시되 작은 자야 안심하라 네 죄 사
함을 받았느니라 마 9:2

예수님은 믿음을 보고 역사하신다. 기도 응답을 받으려면 예
수님이 요구하시는 믿음의 상태를 유지해야 한다. 믿음이 도전받
을 때마다 믿음을 지킨다면, 예수님은 우리의 믿음을 보고 즉시
역사하실 것이다. 백부장과 사람들의 믿음을 보시고, 몸을 움직

이지 못하는 사람들을 즉시 고치셨던 것처럼.

인격적인 이해

믿음이 연약해진 모습은 보통 '원망'으로 나타난다. 내 문제인데도 남 탓으로 돌린다. 내가 원하는 대로 되지 않고, 믿음이 약해지면 심지어 나를 도와준 사람도 원망한다.

이스라엘 백성은 그들의 고통을 보고 애굽에서 구원해주신 하나님을 찬양했지만, 광야에서 물이 없을 때, 자신들을 죽이기 위해 광야로 데리고 왔냐며 원망했다. 그러나 이때는 '물이 없는 상황을 어떻게 이해할 것인가'가 응답에 있어서 중요했다.

오래전 지방의 한 대학생 제자훈련학교에 강의하러 갔다. 겨울이었는데 밤새 난방이 되지 않았다. 아침에 일어나 보니 모든 물이 얼어서 식사만 겨우 할 수 있었고, 화장실 사용이나 다른 모든 물 사용이 불가능했다. 강사를 위해 물 한 컵이 제공되었지만 마실 수 없었다. 모두가 이 물을 보고 있는 것 같은 생각이 들었다.

우리는 같이 기도했다. 왜 물을 사용할 수 없는지. 당연히 물이 얼었으니 사용할 수 없었다. 그래도 이 상황에서 무언가 배울 게 있다는 생각이 들었고, 그것이야말로 강의보다 더 중요하다고 생각했다. 우리가 함께 겪는 실제 상황이었기에, 많은 걸 가르쳐줄 거라 믿었다. 그동안 물을 낭비했다는 응답은 받아들이지 않았다. 그것은 예상할 수 있는 답이었고, 지금 기도할 내용은 아닌 것 같았다. 아주 열악한 상황에서 훈련받고 있었기에 낭비할 물도 없다는 생각이 들었다. 자세하게 다 기억은 나지 않지만, 우리는 훈련에 대해 보다 본질적인 믿음의 고백을 하는 시간을 가졌다.

울면서 기도했다. 다시 예수님을 따르고 헌신하겠다는 기도가 터져 나왔다. 불편함을 원망하지 않고 더 헌신하겠다고 결단했다. 척박한 광야에서 자라는 강한 나무 같은 믿음이었다.

하인을 위해 나선 백부장이나 몸을 움직이지 못하는 사람을 위해 침대를 들고 믿음으로 예수님에게 온 사람들이나, 다 상황에 대해 인격적으로 반응했다. 아직 병이 낫지 않았어도 그들 마음에는 상황에 대한 회피, 원망, 남 탓이 아니라 어려운 상황을 섬기고자 하는 마음이 있었다. 아픈 사람을 돕고 싶은 따뜻한 마음이 일어 행동으로 옮긴 건, 기도 응답이 시작된 것이었다. 거기에는 예수님의 성품과 능력이 함께하는 은혜가 있었다.

우리가 어떤 문제에 대해 기도하고 응답받으려면 먼저 상황을 인격적으로 이해하고 반응해야 한다. 어려운 상황을 원망하는 마음으로는 기도가 되지 않는다. 원수의 방해는 원망을 틈타

더욱 거세진다. 그러나 믿음으로 인격적인 반응을 하면 두려움이 사라지고, 그 상황에 대해 예수님을 의지하며 책임감 있는 행동을 하게 된다.

인격적인 책임감

민음으로 책임감 있게 행동하는 인격적인 모습은 몇 가지로 말할 수 있다.

첫째는 '원수의 방해를 제어하는 것'이다. 방해가 주는 여러 복잡한 마음은 믿음을 약하게 하고 상황을 회피하게 만든다. 그러나 기도하고 응답받기 시작하면 상황이 어려워도 예수님을 향한 기대가 일어난다. 어려운 상황도 예수님을 신뢰하고 헌신하며 따르는 걸 막지 못한다. 이런 사람은 속으로 비장한 믿음의 결단을 했기에, 겉으로는 어려운 중에도 여유 있는 모습을 보인다.

어려운 상황이 주는 복잡함이 예수님을 신뢰하고 기대하는 마음을 꺾지 못한다. 원수의 방해가 제어되면, 복잡한 마음과 원망 섞인 추측이 힘을 잃고, 예수님을 기대하고 소망하며 서로 돕는 인격적인 책임감이 살아난다.

둘째는 '사역을 멈추지 않고 진행하는 것'이다. 성령님의 열매와 은사, 권능으로 예수님을 증거하면, 사람들은 예수님의 성품과 능력을 경험한다. 사역을 진행한다는 건 여러 영적 메커니즘이 작동하는 것이다. 상황이 주는 마음이 아니라 믿음에서 오는 기대감으로 움직이는 것이다. 예수님을 찾아온 백부장은 예수님이 말씀만 하셔도 하인이 나을 거라고 말했다.

> 이르시되 내가 가서 고쳐주리라 백부장이 대답하여 이르되 주여 내 집에 들어오심을 나는 감당하지 못하겠사오니 다만 말씀으로만 하옵소서 그러면 내 하인이 낫겠사옵나이다 마 8:7,8

예수님은 하인의 중풍병을 고쳐달라고 간구하는 백부장에게 가서 고쳐주겠다고 하셨다. 그의 간구를 들으시고 이미 응답하신 거였다. 이에 백부장은 군인답게, 자신이 명령하면 사람들이 명령대로 움직인다고 말하면서 예수님의 명령이면 모든 것이 순종하리라고 굳게 믿고 그분의 말씀과 명령을 의지했다. 예수님은 그의 믿음을 칭찬하셨다.

기도 응답은 내가 원하는 대로 이뤄지는지 살피는 게 아니다. 예수님에게 순종하는 사람들의 사역을 통해 그분의 뜻이 이뤄지는 것이다. 아직 내가 원하는 응답이 오지 않았어도, 내 삶에 예수님의 역사하심이 점점 많아지는 거다.

그래서 믿음으로 순종하고 사역하다 보면, 삶의 환경이 어느새 응답받는 모습으로 변화되는 걸 발견한다. 응답은 그렇게 우리 삶을 점점 다스리고 변화시킨다.

백부장이 예수님을 찾아오는 모습과 사람들이 침상을 매고 예수님을 찾아오는 모습에서 우리는 무엇을 보는가? 그것은 마치 아브라함이 이삭을 받지 못했어도, 죽어가는 몸임에도, 사라와 함께 하나님을 의심하지 않고 찬양하고 영광 돌리며 살아가는 모습과 비슷하다(롬 4:19-21).

셋째는 '깨어서 문제에 대응하는 것'이다. 항상 깨어서 삶의 문제를 믿음으로 대응하는 건 쉽지 않다. 우리는 삶이 어서 안정되어 특별히 신경 쓰지 않고, 조용히 그리고 소박하게 하고 싶은 일을 하면서 행복하게 살길 원한다. 그런 인생이 가끔 있긴 하지만, 대부분은 일상의 지치는 일들 속에서 살아간다.

어차피 삶이 수고로운 거라면 대응을 잘해야 한다. 문제가 생겼을 때 당황하고, 두려워하고, 지나치게 짜증을 내는 건 올바로 대응하지 못하고 있다는 신호다. 얼른 갑옷을 입고 무장하여 문제에 믿음으로 대응해야 한다.

믿음의 대응은 문제를 회피하지 않고, 사역을 통해 해결 방법을 찾아가기 위해 깨어있는 것이다. 그러지 않으면 문제를 분별할 수 없고, 문제가 문제로 남게 된다.

반면에 분별하고 대응하려 하면 문제를 당장 다 해결하지 못해도 사역은 계속할 수 있다. 그러면 도우시는 은혜와 주변 사람들과 상황을 향한 변화된 반응으로 문제가 주는 고통에서 벗어나 문제를 해결하시는 예수님을 만난다.

사역에 하나님의 긍휼, 은혜를 구하는 것

기도하고 대응할 준비가 되어있어도, 상황이 따라주는 은혜, 다른 사람들이 내 사역을 긍휼히 여겨주는 은혜가 필요하다. 그것은 사람의 동의 이전에 하나님께서 불쌍히 여기셔야 가능하다.

그들이 여리고에 이르렀더니 예수께서 제자들과 허다한 무리와 함께 여리고에서 나가실 때에 디매오의 아들인 맹인 거지 바디매오가 길가에 앉았다가 나사렛 예수시란 말을 듣고 소리 질러 이르되 다윗의 자손 예수여 나를 불쌍히 여기소서 하거늘 많은 사람이 꾸짖어 잠잠하라 하되 그가 더욱 크게 소리 질러 이르되 다윗의 자손이여 나를 불쌍히 여기소서 하는지라 예수께서 머물러 서서 그를 부르라 하시니 그들이 그 맹인을 부르며 이르되 안심하고 일어나라 그가 너를 부르신다 하매 막 10:46-49

바디매오는 많은 사람에게 조용히 하라는 꾸지람을 들었다. 그러나 볼 수 없었던 그는, 불쌍히 여겨달라고 계속 소리쳤고, 예수님은 그를 부르라고 하셨다. 사람들은 결국 예수님의 말씀을 따라 그가 안심하고 일어나서 그분을 만나도록 도왔다. 상황과 사람들, 분위기는 결국 예수님의 말씀에 순종하게 된다. 예수님이 명령하시면 모든 것이 순종한다.

앞을 볼 수 없는 바디매오, 다른 사람의 도움이 없이는 예수님을 만날 수 없는 그였지만, 예수님이 응답하심으로 사람들이 돕고 상황이 열렸기에, 그는 안심하고 예수님을 만날 수 있었다.

맹인이 겉옷을 내버리고 뛰어 일어나 예수께 나아오거늘 예수께서 말씀하여 이르시되 네게 무엇을 하여주기를 원하느냐 맹인이 이르되 선생님이여 보기를 원하나이다 예수께서 이르시되 가라 네 믿음이 너를 구원하였느니라 하시니 그가 곧 보게 되어 예수를 길에서 따르니라 막 10:50-52

바디매오가 눈을 뜰 때까지 어떻게 했는지 그의 마음과 행동을 눈여겨보자. 그리고 그의 믿음을 따라 예수님이 명령하셨을 때, 상황이 어떻게 되었는지도 기억하자.

반드시 응답받는 구체적인 기도

일상에서
기도로 사역한다는 의미

사역 관점

정 집사는 영어를 가르치는 사람이다. 대안학교에서 영어를 가르치다 종로의 큰 어학원으로 이직했다. 그런데 이직 직후에 코비드가 온 세상을 덮치기 시작했다. 방역 당국에서 사람들이 모이지 못하게 하자 학원도 학생을 받을 수 없었다. 당연히 재정이 힘들어졌고, 학생이 한 명도 없다는 게 가르치는 사람의 정체성에 큰 어려움을 주었다.

그러나 정 집사는 이것을 단순히 어렵고 부끄러운 상황으로만 받아들이지 않고, 믿음의 문제로 바라보았다. 어려운 상황이 믿음을 약화한다는 걸 깨닫고 깨어 기도하기 시작했다. 그는 믿음을 지켰고, 마음이 가난해졌다. 상황을 원망하지 않았고, 개인 과외를 할 기회가 있으면 겸손하게 섬기곤 했다.

그 모습이 교회 성도 모두를 위로했다. 그래서 많은 액수는 아니지만 마음으로 재정을 모아 그에게 헌금했다. 정 집사도 위로를 많이 받았다. 그 후로 그는 입시학원에서 다시 영어를 가르치게 되었다. 이제 정 집사는 학원에서 경험하는 모든 일을 믿음의 관점, 예수님의 성품과 능력 안에서 감당하는 사역의 관점으로 바라본다.

감사한 마음을 나누고 싶어서 연락드려요.
지난 십여 년간 나름의 재정 훈련과
하나님의 인도하심을 따라가기를 경험하면서,
직장을 옮기며 힘들 때마다
제게 주시는 말씀과 훈련이 있었어요.
쉽지 않았지만 그 가운데
재정 훈련을 받을 때는 불편함을 넘어서
제 존재 가치를 재설정하는 시간이 되었어요.
제 존재 가치는 연봉이나 경력으로 매겨지는 게 아님을,
하나님이 예비하신 저만의 인생길이 있고,
세상은 보잘것없게 볼지라도
하나님이 저를 보시는 방법은
매우 다르다는 것을 깊이 깨달았어요.
십여 년 전에는 마음의 병도 많았고,
자신을 세상 기준과 가치로 평가했었는데

하나님의 인도하심을 따라 훈련받으며

제 마음과 믿음이 새로워지고

많은 부분에서 자유해지며 내면의 고침을 받았어요.

여전히 부족하지만, 예전의 저와 비교하면

정말 많이 건강해지고 새로워졌어요.

지금 다니는 학원에 입사할 때

힘들지만 구원해주실 거라는 말씀과

옮겨가는 직장에 대한 말씀도 받았어요.

"네 영혼이 잘됨같이 네가 범사에 잘되고

강건하기를 원하노라"라고 하셨는데,

곰곰이 묵상하다가 지나온 시간이 떠올라

너무나 감사한 마음이 들었어요.

예전에 교회에서 생활자금을 헌금해주셨을 때

기도했던 것이 있었어요.

예수님에게 고침 받은 사람은 많았지만

돌아와 감사 인사를 전한 사람은 단 한 명이었는데,

저도 그 한 명처럼 돌아와 반드시 감사하다 말하고

빚진 마음을 잊지 않으며

저만을 위해 살지 않게 해달라고요.

그 기도가 생각나면서 많지 않지만 백만 원 정도를

헌금하고 싶은 마음이 들어서 기도하고 있습니다.

제 기분에 취해서 하지 않고,

하나님이 정말 기뻐하시는 마음이라면

기꺼이 어디에 헌금하면 좋을지 알려주시기를 기도합니다.

감사한 마음도 나누고 기도도 부탁드리려고

이렇게 길게 연락드려요.

항상 감사합니다.

목사님의 성도를 향한 진심을 더 깨달았고

마음 깊이 따뜻함을 느끼고 있습니다.

감사합니다.

정 집사는 학원에서 원장이나 학생들과의 관계를 하나님께 예배드리는 마음으로 감당하려고 한다. 아직 쉽지 않다고 말하지만, 삶의 모든 문제를 믿음의 관점으로 바라보고 사역으로 감당하려는 마음이 강해진 것 같다.

이직하는 과정도 말씀과 기도를 통해 하나님이 주신 뜻 안에서 움직였다. 그는 일하면서 만나는 문제에도 말씀과 기도로 예수님의 뜻을 따라 해결하려 할 것이다.

'사역 관점'이 중요한 것 같다. 당장 뭔가 봉사하고 헌신하여 일하라는 게 아니다. 사역 관점이란, 다가오는 문제를 믿음의 관점으로 바라보면서 믿음을 지키고, 그 안에서 예수님의 도움을 받아 그분의 성품과 능력으로 문제를 감당하는 자세다. 이것이 없으면, 문제를 문제로만 보고, 예수님을 증거하는 개념이 빠진 채 대응하게 된다.

그러나 사역 관점으로 문제를 보면, 예수님을 증거하는 일을 문제 대응의 우선순위에 두게 된다. 베드로전서 3장의 믿음 좋은 아내처럼 말이 아닌 행실로 사람들에게 예수님의 성품과 능력을 전하는 통로가 된다. 사역하지 않으면 문제만 남고 상황은 이해 관계에 따라 결정되지만, 누군가가 사역하면 이해관계가 아닌 예수님의 성품과 능력 안에서 문제가 해결될 것이다.

기도로 사역한다는 의미

이십 대에 선교단체에서 사역하며 '기도로 사역한다'라는 강의를 들었다. 당시는 단순히 기도를 많이 해야 한다는 의미로 이해했다. 그런데 사역을 해오면서 그게 아님을 알았다.

주의 종은 마땅히 다투지 아니하고 모든 사람에 대하여 온유하며 가르치기를 잘하며 참으며 거역하는 자를 온유함으로 훈계할지니 혹 하나님이 그들에게 회개함을 주사 진리를 알게 하실까 하며 그들로 깨어 마귀의 올무에서 벗어나 하나님께 사로잡힌 바 되어 그 뜻을 따르게 하실까 함이라 딤후 2:24-26

이 말씀은 오랫동안 내게 콤플렉스였다. 나는 성도들과 자주 다투는 목사였다. 거역하는 사람을 온유와 친절로 가르치거나 교정하지 못했다. "당장 태도를 새롭게 하라"라고 분명하게 말하곤 했다. 지금 생각하면 마음이 아프다.

가장 먼저 깨달은 건, 하나님께서 회개함을 주셔야 회개할 수 있다는 사실이다. 그런데 회개 전에 올무에 사로잡힌 사람의 상태가 잘못되었다고 판단하고 말했으니 당연히 다툼이 일어났다. 하나님께서 상대에게 회개함을 주시기 전에 내가 느낀 걸 말해버리면, 그는 교정되지 않는다. 회개함을 주셔야 마귀의 올무에서 벗어날 수 있기 때문이다.

그래서 내 반응을 위해 먼저 기도했다. 하나님께서 회개함을 주시기 전에 내 반응이 먼저 전해지지 않도록 신경을 쓰면서 기도했다. 나중에 다툼 없이 상황이 좋아지면 가장 먼저 이런 생각이 들었다.

'아, 다행이다. 기도하지 않고 내 생각으로 일하다가 다툼이 생기는 쪽으로 가지 않았구나. 내 연약함으로 일을 그르치지 않았구나.'

예전에는 올무에 걸린 사람이 잘못한 거라고 판단했다. 그러나 지금은 아니다. 그를 친절하게 가르쳐야 하고, 하나님께서 그에게 회개함을 주셔야 한다고 생각한다. 그래서 상황과 사람을 향해 반응하는 걸 자제하고, 기도만 한다. 기다리는 시간이 길어

반드시 응답받는 구체적인 기도

지는 것 같지만, 다툼이 없는 것만 해도 얼마나 다행인가!

그렇다고 어서 하나님께 회개함을 달라고 기도하지도 않는다. 그것은 하나님의 주권에 속한 영역이다. 나는 그저 하나님께서 회개함을 주시기까지 내 연약함이나 판단으로 반응하지 않게 해 달라고 기도한다. 그 사람을 계속 만나고 상황을 마주쳐야 하지 만, 기도하면 비교적 능숙하게 부딪치는 느낌을 피해갈 수 있다.

그리고 사람을 먼저 바꾸려고 하기 전에 마귀의 올무가 벗어지 도록 기도한다. 눈에 보이지 않아서 잘 알 수 없지만, 우리의 믿 음을 약하게 만들고, 상황과 타인을 원망하게 만드는 올무가 벗 어지길 기도한다.

그렇게 기다리면 어느 순간, 상황과 사람에 대해 하나님의 성 품에서 나오는 진실하고 따뜻한 말을 전할 기회가 온다. 그러면 대부분 상황과 사람이 새로워지는 걸 보게 된다. 올무에서 벗어 나 은혜 안에서 사고와 판단을 하며, 함께 대화도 나눌 수 있게 된다.

기도로 사역하는 내용

기도로 사역한다는 건 세 가지 정도로 정리할 수 있다.

첫째, 상황과 사람에 대해 내 판단과 연약함으로 반응하지 않 게 해달라고 기도하며 사역한다.

둘째, 하나님께서 회개함을 주실 때까지 하나님의 주권을 인정하는 태도를 유지하는 기도와 사역을 한다.

셋째, 그가 마귀의 올무에서 벗어나기를 기도하며 진실하되 친절하게 말한다.

기도하지 않으면 상대가 올무에 걸렸는지도 모른 채 대응하게 된다. 거기서 다툼이 일어난다. 상대는 올무에 걸려 힘든 상황일 수 있다. 올무가 벗어지도록 기도하면 다툼이 일어나려는 상황을 쉽게 제어할 수 있다.

기도로 제어하지 못하면, 어려운 상황이나 올무에 걸린 사람의 반응이 모두를 힘들게 한다. 긴장이 고조되고 사람들은 다양한 반응을 보인다. 목사가 어떻게 반응할지 지켜보는 사람도 있고, 동조하는 사람도 있다. 그러나 기도하면 마치 펄펄 끓는 물에 찬물을 부을 때처럼 순식간에 차분해진다.

무엇보다 하나님의 주권을 인정하게 된다. 하나님보다 앞서지 않는 것은 조심한다고 되는 일이 아니다. 기도하면서 사람과 상황에 내 마음대로 대응하지 않아야 한다. 기도해야 하나님의 시간을 기다릴 수 있다. 내 판단과 대응을 하나님께 맡기고 순종하는 게 하나님의 주권을 인정하는 자세다.

내 마음대로 판단하고 대응하고 싶은 마음이 올라올 때마다 기도해야 한다. 잠잠히 지켜보시는 하나님 앞에서 내 경외함이

　　　　　　　　　　　반드시 응답받는 구체적인 기도

테스트를 받고 있을 것이다. 만일 실수하고 다툼이 일어나도 버림받지는 않겠지만, 다툼으로 인한 공동체 안의 시험과 고통은 사역자의 책임이다. 그래서 점점 다툼이 싫어진다. 아마도 능숙하게 문제를 다루는 법을 배워가면서 다툼이 아니라 하나님의 능력으로 사람과 상황이 새로워지는 데서 오는 기쁨과 안도감을 지키고 싶은 마음일 것이다.

기도하고, 기다리고, 진실하게 대응하면 행복하다. 그렇게 나아가면 반드시 따뜻하게 서로 대화하며 새롭게 되는 은혜로운 시간이 온다. 공동체는 강건해지고 사역자들은 더욱 능숙해진다.

반드시 응답받는 구체적인 기도

초판 1쇄 발행	2024년 1월 30일
초판 2쇄 발행	2024년 2월 5일

지은이 　김길

펴낸이 　여진구
책임편집 　김아진 정아혜
편집 　이영주 박소영 최현수 안수경 김도연
책임디자인 　이하은 조은혜 | 마영애 노지현
홍보 · 외서 　진효지
마케팅 　김상순 강성민　　　　　마케팅지원 　최영배 정나영
제작 　조영석 허병용　　　　　경영지원 　김혜경 김경희

303비전성경암송학교 유니게 과정
이슬비전도학교 / 303비전성경암송학교 / 303비전꿈나무장학회

펴낸곳 　규장

주소 　06770 서울시 서초구 매헌로 16길 20(양재2동) 규장선교센터
전화 　02)578-0003 팩스 02)578-7332
이메일 kyujang0691@gmail.com　　　　홈페이지 www.kyujang.com
페이스북 facebook.com/kyujangbook　　인스타그램 instagram.com/kyujang_com
카카오스토리 story.kakao.com/kyujangbook
등록일 1978.8.14. 제1-22

ⓒ 저자와의 협약 아래 인지는 생략되었습니다.
이 출판물은 저작권법에 의해 보호를 받는 저작물이므로 무단 전재와 무단 복제를 할 수 없습니다.

책값 　뒤표지에 있습니다.
ISBN 979-11-6504-499-2 03230

규 | 장 | 수 | 칙

1. 기도로 기획하고 기도로 제작한다.
2. 오직 그리스도의 성품을 사모하는 독자가 원하고 필요로 하는 책만을 출판한다.
3. 한 활자 한 문장에 온 정성을 쏟는다.
4. 성실과 정확을 생명으로 삼고 일한다.
5. 긍정적이며 적극적인 신앙과 신행일치에의 안내자의 사명을 다한다.
6. 충고와 조언을 항상 감사로 경청한다.
7. 지상목표는 문서선교에 있다.